2004

中国农产品价格调查年鉴

China Yearbook of Agricultural Price Survey

国家统计局农村社会经济调查总队　编

Rural Survey Organization
National Bureau of Statistics

中国统计出版社
China Statistics Press

(京)新登字041号

图书在版编目(CIP)数据

中国农产品价格调查年鉴.2004 / 国家统计局农村社会经济调查总队编.
—北京:中国统计出版社,2004.10

ISBN 7-5037-4519-3

I. 中...
II. 国...
III. 农产品-价格-统计资料-中国-2004
IV. F323.7-66

中国版本图书馆CIP数据核字(2004)第093521号

中国农产品价格调查年鉴-2004

作　　者 / 国家统计局农村社会经济调查总队
责任编辑 / 姚立　吕昱晨
装帧设计 / 艺编广告公司·张冰
出版发行 / 中国统计出版社
通信地址 / 北京市西城区月坛南街75号　邮政编码 / 100826
办公地址 / 北京市丰台区西三环南路甲6号
电　　话 / (010) 63459084　63266600-22500(发行部)
印　　刷 / 科伦克三莱印务(北京)有限公司
经　　销 / 新华书店
开　　本 / 880×1230mm　1/16
字　　数 / 200千字
印　　张 / 11.5
印　　数 / 1~2000册
版　　别 / 2004年10月第1版
版　　次 / 2004年10月北京第1次印刷
书　　号 / ISBN 7-5037-4519-3/F·1963
定　　价 / 68.00元

《中国农产品价格调查年鉴－2004》

编辑委员会

前言

一、本书编辑目的与作用

伴随我国市场经济体制的建立与完善，农村经济运行市场化步伐加快，市场机制在农产品流通与贸易中的基础作用日益显现，宏观决策和社会公众对农产品价格信息的需求与日俱增。为了适应这一新的形势，国家统计局农村社会经济调查系统发挥自身优势，逐步建立起完整的农产品价格调查体系，对农产品生产和流通全过程进行密集跟踪调查，全方位把握农产品价格走势，深入透视农产品生产、贸易和消费环节的分配关系和利益格局。汇编这些价格数据的目的就是为了充分发挥农产品价格信息在分析研究我国农产品供给与需求、农产品市场竞争与产业结构调整、农民收入与居民消费等方面的独特作用，更好地服务于各级党政领导的"三农"决策，服务于关注农产品价格问题的研究机构和各界社会公众。

二、本书的主要内容与资料调查方法

本书的内容主要包括我国农产品生产价格、集贸市场价格和国际市场农产品价格信息三部分。农产品生产价格是农产品生产者农户和农场直接出售其产品时实际获得的单位产品价格，它是农产品集贸市场价格、批发价格和消费价格形成的基础和前提。农产品生产价格调查采用随机抽样的方法抽选调查网点，实行抽样调查。全国共抽选 27000 个农业生产经营单位，其中农户占90.5%，农场占9.5%。调查内容涉及农林牧渔四个大类，十五个中类三十个小类600 种农产品。农产品集贸市场价格调查是对全国200 个农产品主产县(市)36种农产品进行的集贸市场价格调查,旨在反映我国农产品主产区大宗农产品的交易价格和价格走势。国际市场农产品价格资料主要来源于三个渠道:一是海关的农产品进出口统计资料;二是联合国粮农组织、联合国统计委员会和美国农业展望委员会等国际机构的研究报告;三是国际市场主要农产品期货市场的交易信息。

三、特别说明

2003年是我国农产品价格止跌回升的转折点,为了全面反映本轮价格上涨行情的概貌,本书在重点收录2003年农产品价格调查资料的同时,编发了1997年以来全国主要农产品的价格数据。生产价格指数以上年或上年同期价格为100。农产品集贸市场价格单位统一为元/公斤,价格数据保留两位小数;集贸市场价格走势分为环比和同比两个系列,环比以上月或上季度价格为100,同比以上年同月或同期价格为100。

为了及时反映全国农产品价格走势,我们将定期出版农产品价格与价格指数年度资料。由于农产品价格调查和指数编制是一项全新的工作,限于我们的经验和水平,书中疏漏在所难免,不妥之处敬请读者批评指正。

编　者

2004年7月于北京

目录

前　言

第三部分　农产品集贸市场价格　83

第1部分

2003年农产品价格走势综述

2003 年农产品价格走势综述

1

2003 年我国农产品市场受供求关系变化和国家宏观调控措施的积极影响，农产品价格止跌回升，主要农产品价格创 2000 年以来新高，但价格总水平低于 1995 ~ 1997 年期间的市场行情，价格上涨属恢复性回升。

一、2003 年全国农产品生产价格总指数上涨 4.4%

据对全国 27 000 个农业生产经营单位的生产价格调查，全国农产品生产价格总指数为 104.4（上年同期 =100，下同）。种植业、林业、畜牧业和渔业产品价格指数分别为 107.4、107.0、101.8 和 100.3。

（一）主要农产品生产价格高于上年价位。2003 年由于农林产品供给增长总体放缓，畜产品和渔业产品稳定增长，致使生产价格走势呈现全面上涨，种植业、林业产品价格涨幅大大高于畜牧业和渔业产品。全国种植业、林业、畜牧业和渔业产品生产价格比上年上涨 7.4%、7.0%、1.8% 和 0.3%。在大宗农产品中，谷物生产价格上涨 2.3%，豆类价格上涨 19.3%，棉花上涨 35.3%，油料价格上涨 19.4%，蔬菜上涨 10.4%，水果价格上涨 2.0%。生猪价格上涨 2.9%，肉牛上涨 1.7%，家禽价格上涨 1.0%，主要农产品生产价格创 2000 年以来新高，使持续低迷的农产品价格趋于理性回归，生产价格步入正常运行区间，但生产价格总水平仍低于 1995 ~ 1997 年期间的市场行情，价格上涨属于恢复性回升。

（二）粮食价格止跌回升，4 季度粮价涨幅超过 10%。2003 年由于播种面积调减和自然灾害的影响，全国粮食产量下降 5.8%，产需缺口加大，粮食库存和总供给相应下降。在大豆和玉米价格带动下，全年粮价上涨 4.4%。特别是第 4 季度粮价涨幅之大，更是近年粮食市场所罕见，稻谷生产价格比上年同期上涨 10.4%，小麦价格上涨 12.1%，玉米上涨 14.1%，大豆生产价格比上年同期上涨 26.3%。粮价上涨对畜产品和水产养殖等下游产品形成压力，推动相关产品价格上涨。玉米、豆类等饲料用粮价格上涨，直接抬高生猪饲养成本，2003 年生猪生产价格比上年上涨 2.9%。家禽和蛋类价格上涨 1.0% 和1.1%，奶类价格上涨 3.7%。

（三）生产价格涨幅地区差异较大。2003 年农产品生产价格总体呈现上涨行情，受产品结构因素影响，地区间价格回升态势极不平衡，大豆、棉花和油料主产区价格涨势明显高于其它地区。吉林、新疆农产品生产价格涨幅最大，比上年上涨36.9%和26.2%；河南、湖南和黑龙江价格涨幅超过10%。云南农产品生产价格基本持平略涨0.3%，浙江、贵州、福建和广东生产价格涨幅在1~2%之间。

（四）生产价格涨幅明显低于流通环节。从调查数据看，生产价格和市场价格回升的走势保持一致，但由于农产品市场体系尚在发育完善阶段，市场供求状况和价格信息传导存在较大偏差，生产价格调整明显滞后于市场价格走势，农民和农场等农产品生产者从价格上涨中得到的实惠远低于市场价格的上涨幅度。2003年全国集贸市场小麦价格比上年上涨7.6%，同期小麦生产价格仅上涨3.0%；稻谷集贸市场价格上涨3.8%，生产价格基本持平；玉米集贸市场价格上涨11.3%，生产价格上涨4.6%；大豆集贸市场价格上涨24.5%，生产价格上涨20.6%。棉花集贸市场价格上涨43.2%，生产价格上涨35.3%。油菜籽集贸市场价格上涨25.1%，生产价格上涨19.2%。生产价格与市场价格涨幅存在较大落差，表明价格回升带来的利润空间，很大一部分流向效率不高的流通环节。

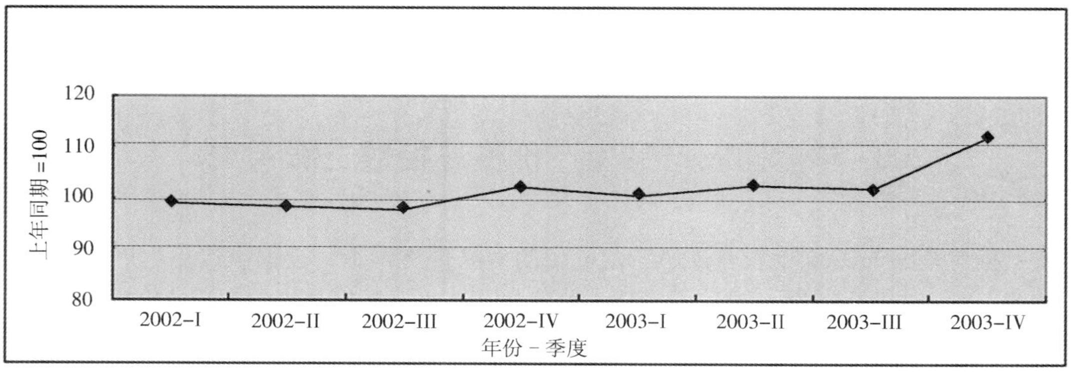

2002～2003年农产品生产价格总指数走势

二、2003年全国农产品集贸市场价格走势

（一）粮价强劲回升。在大豆和玉米价格带动下，2003年上半年全国粮食价格温和上涨，夏粮上市后粮价涨幅加大，4季度价格大幅冲高。稻谷全年平均价格上升3.8%。籼稻1.08元/公斤，比2002年上涨3.6%；粳稻价格上涨4.1%。小麦全年平均价格上涨7.6%；12月份小麦价格1.34元/公斤，比上年同期上涨26.9%。玉米全年平均价格上涨11.3%。12月玉米价格高于上年同期0.26元，上涨25.2%。大豆全年平均价2.96元/公斤，比上年上涨0.58元，涨24.5%。12月份大豆价格略有回落，但仍比上年同期上涨34.2%。

（二）棉花价格暴涨。2003年籽棉价格4.8元/公斤，比上年上涨1.45元，上涨43.2%。从月度走势看，1~8月棉花价格逐月攀升；新棉上市后，棉花价格不仅未降，涨幅还进一步加大，9~11月棉价加速上扬，11月份全国籽棉价格达6.28元/公斤，比10月份上涨6.5%，较上年同期上涨52.7%。12月份棉花价格有所回落，但仍比上年同期上涨42.8%。2003年新疆等优质棉主产区棉花价格一路上行，价格涨幅高于全国平均水平，棉农从棉花销售中获得的收入有较大幅度增长。

（三）油料及食用油价格领涨2003年农产品市场。受2002年油菜籽减产，全国食用油加工能力和消费需求强劲增长等诸多因素影响，2003年油料及食用油价格高开高走。1～6月油菜籽和花生仁价格上涨18.7%和28.0%。花生仁和油菜籽全年平均价格为5.6元/公斤和2.4元/公斤，比上年上涨29.6%和25.1%。

2003年1月份花生油、菜籽油和大豆油价格比上年12月上涨7.2%、1.1%和1.6%，比上年同期则分别上涨13.9%、12.7%和20.4%。1～6月花生油、菜籽油和大豆油价格比上年同期上涨16.1%、16.4%和22.5%，12月份上涨35.4%、26.3%和24.2%，全年平均价格比上年上涨19.8%、18.4%和22.5%。

（四）畜产品价格“水涨船高”。由于玉米、大豆等饲料用粮价格上涨，下半年猪肉价格快速上扬。全年猪肉平均价格10.7元/公斤，上涨8.5%。4季度猪肉价格比上年同期上涨23.1%；12月份价格有所回落，仍较上年同期上涨24%。受消费偏好的影响，牛羊肉市场行情持续走高。1～4季度牛肉价格分别比上年同期上涨10.2%、10.3%、9.5%和9.1%；全年平均价上涨9.7%。羊肉全年平均价16.16元/公斤，上涨6.6%。

鸡蛋价格先抑后扬，全年平均价格下降1.1%。从季度走势看，1～3季度鸡蛋价格明显低于上年同期，分别下降4.4%、5.8%和4.3%；4季度价格涨幅达10.1%。12月份鸡蛋价格比上年同期上涨12.2%。

（五）水产品价格相对稳定。伴随农村产业结构调整，近年水产养殖规模快速扩大，水产品供应充足，价格走势平稳。草鱼全年平均价7.24元/公斤，比2002年上涨2.1%；鲤鱼平均价7.01元/公斤，上涨2.5%；带鱼平均价9.33元/公斤，比上年上涨4.3%。

（六）新鲜蔬菜、水果价格顺势上涨。蔬菜和水果价格随季节波动较大，但价格总水平明显高于上年。大白菜、黄瓜、西红柿、菜椒和四季豆价格比上年上涨34%、14.1%、17.1%、18.9%和8.5%。蔬菜价格上涨的重要原因是部分地区的“非典”疫情、不利气候条件的影响和运输等流通环节费用加大所致。水果价格稳中有升，苹果、香蕉和橙子年平均价为3.35元/公斤、3.11元/公斤和3.41元/公斤，比上年上涨14.2%、7%和18.6%。

三、2003年农产品市场价格上涨的主要特点

（一）从全年走势看，市场行情前温后扬。上半年市场价格总体温和上涨，夏粮上市后价格不降反升，下半年价格涨幅加大，主要农产品价格4季度攀年度最高价。6月份籼稻价格比上年同期下降2%，小麦和玉米价格上涨5.7%和7.5%；猪肉价格上涨2.5%。1～6月，籼稻、小麦和玉米价格比上年同期上涨0.9%、3.7%和7%，猪肉价格上涨1.6%。下半年市场行情强劲上扬，小麦、棉花、花生油和猪肉全年平均价格比2002年上涨7.6%、43.2%、19.8%和8.5%。12月份籼稻、小麦和玉米价格比上年同期上涨17.4%、26.9%和25.2%；猪肉价格上涨24%。

（二）农产品供求关系变化成为影响价格走势的决定性因素。近年来农作物播种面积持续调减，粮食、棉花和油料产量下降，当年消费大于产量，农产品库存和总供给下降，总供给大于总需求的压力趋缓是推动农产品价格上涨的根本原因。

（三）农产品流通体制改革对价格回升发挥积极作用。国家推进粮棉购销市场化改革，经营主体多元化，收购价格竞争加剧，农产品生产者相应受益。

（四）随着我国农产品进出口规模逐年扩大，国际市场行情对国内农产品价格的影响加深。2003/04 年度国际市场农产品库存大幅下降，农产品国际贸易价格上扬，我国进口农产品到岸价格（CIF）上涨。

（五）粮价上涨对畜产品和水产养殖等下游产品形成压力，推动相关产品价格上涨。

四、2003 年世界粮食市场行情与价格走势

2003/04 年度，世界粮食市场供求形势呈现诸多新特点，特别是粮食库存的持续下降引起各方高度关注。在供给方面，世界粮食产量恢复性小幅增长；但受消费稳定上升的影响，需求大于产量；期末库存大幅下降。随着我国粮食国际贸易规模的逐步扩大，世界粮食市场行情与价格走势必将对我国粮食进出口贸易和国内粮食市场运行带来一定的影响。

（一）世界粮食产量恢复性增长，谷物产量增幅为 1.1%。

1、谷物增产幅度低于年初预期。2003 年世界谷物产量预计 18.30 亿吨，比 2002 年增产 1958 万吨。谷物增产主要由于 2002 年谷物市场受产量和库存下降较多的影响，价格回升势头强劲，从而导致 2003 年谷物种植面积扩大。但受欧洲大旱等不利气候条件影响，夏粮收成欠佳，全年谷物增产幅度将明显低于预期。美国世界农业展望委员会 8 月份对世界谷物总产量的最新预报比 5 月份的预测数低 2.3%。

2、在谷物生产大国中，美国谷物生产形势看好，全年谷物产量达 3.44 亿吨，增产16.4%。美国谷物增产主要是由于单产提高幅度较大，增幅达 16%，同时播种面积增加0.3%。欧盟受严重旱灾的影响，全年谷物产量为 1.95 亿吨，减产 9.2%。旱灾使欧洲最大粮食生产国法国谷物减产 15%，意大利谷物产量亦将降至 5 年来最低；干热天气还将使俄罗斯、乌克兰谷物歉收。澳大利亚、阿根廷和加拿大谷物增产，产量分别为 3326 万吨、3445 万吨和 4898 万吨。

3、分品种来看，小麦减产，大米和玉米产量增长。世界小麦产量 5.49 亿吨，减产2.4%；小麦产量占谷物总产量的 30%。欧盟和印度的产量分别为 9450 万吨和 6700 万吨。世界大米产量 3.91 亿吨，增产 2.9%。印度、印度尼西亚和泰国的产量分别为 9000 万吨、3330 万吨和 1780 万吨。玉米产量 6.15 亿吨，增产 2.2%；玉米产量占谷物总产量的 33.6%。美国、中国和巴西的产量占世界玉米总产量的 66.9%，美国玉米产量比 2002 年增产 11.7%。

4、大豆产量 2.07 亿吨，比 2002 年增产 5.7%。大豆产量居世界前三位的是美国、巴西和阿根廷，它们的产量占世界大豆总产量的 82.6%，美国、巴西大豆产量比 2002 年增产 4.8% 和 6.7%。

（二）粮食消费平稳增长，谷物需求大于产量 4.7%。

1、谷物消费持续平稳增长走势。2003 年世界谷物消费 19.15 亿吨，比 2002 年增长 812 万吨。需求大于产量 8522 万吨。谷物消费增长的主要原因是伴随人口增加，人均谷物消费量也在平稳增长。

2、分品种来看，世界小麦消费 5.83 亿吨，下降 2.2%；小麦消费大于当年产量

6.1%；小麦消费占谷物消费总量的30.4%。欧盟和印度的消费量分别为9300万吨和6900万吨。大米消费4.12亿吨，增长0.6%；大米消费大于当年产量5.5%。印度、印度尼西亚的消费量分别为8525万吨和3695万吨。玉米消费6.34亿吨，比2002年增长0.3%。玉米作为重要的饲料原料是畜牧业的重要支撑，2003年世界饲料用玉米占玉米消费总量的68.3%。美国和欧盟玉米消费量分别为2.06亿吨和3910万吨。

3、世界大豆消费2.04亿吨，增长5.9%。美国、巴西和阿根廷的消费量占世界大豆消费总量的53.4%，美国大豆消费比2002年增长2%。

（三）粮食库存持续大幅下降，谷物库存降幅达20.7%。

1、谷物期末库存仅相当于全世界两个月的正常消费量。2003年世界谷物期末库存3.27亿吨，下降8521万吨。2000年以来，谷物库存持续三年大幅下降，2003年谷物期末库存降至上世纪90年代中期的水平，比1997年的库存低261万吨。谷物库存下降主要原因是消费持续大于当年产量。2003年谷物期末库存约占谷物年度消费的17.1%，低于18%的粮食安全标准，粮食安全问题再次引起各方关注。

2、在谷物库存大户中，美国谷物期末库存5210万吨，增长21.4%，但仍大大低于2001年的库存量。欧盟谷物期末库存2187万吨，下降36.7%。阿根廷谷物期末库存324万吨，下降7.7%；澳大利亚、加拿大期末库存预计为346万吨和895万吨，增长21.4%和3.8%。

3、分品种来看，世界小麦期末库存1.31亿吨，下降20.4%；小麦库存占谷物库存总量的39.9%。小麦期末库存占年度消费量的22.4%。大米期末库存8511万吨，下降20.1%；大米库存下降占谷物库存下降总量的25.1%。大米期末库存相当于当年消费量的20.7%。玉米期末库存7866万吨，比2002年下降19.8%。玉米库存占谷物库存总量的24%；玉米期末库存占当年消费量的12.4%。美国玉米库存比2002年增长17.3%，巴西下降50.9%。

4、世界大豆期末库存3898万吨，增长9.8%。大豆期末库存居世界前三位的是巴西、阿根廷和美国，它们的库存量占世界大豆库存总量的84.5%。巴西大豆期末库存预计比2002年增长11.7%。

（四）粮食贸易继续萎缩，谷物贸易降至十年来的最低点。

谷物贸易下降。2003年世界谷物贸易量2.23亿吨，下降4.7%。谷物贸易占当年世界谷物产量和消费量的12.2%和11.6%。分品种来看，2003年小麦贸易量9791万吨，下降5.4%；小麦贸易占当年小麦产量的17.8%，占谷物贸易的44%。2003年美国出口小麦2858万吨，占世界小麦贸易总量的29.2%；欧盟小麦出口比2002下降32.3%，仅为1050万吨，这是有记录以来欧盟小麦出口的最低值。世界大米贸易量2563万吨，比2002年下降7.6%；大米贸易占当年大米产量的6.6%。玉米贸易量7485万吨，比2002年下降1.2%；玉米贸易占谷物贸易总量的33.6%。美国和阿根廷的玉米出口分别达4572万吨和1200万吨；美国玉米出口占世界出口总量的61.4%。

世界大豆国际贸易量为6451万吨，增长3.1%。大豆出口居世界前三位的是美国、巴西和阿根廷，它们的大豆出口占世界大豆贸易总量的92.2%。美国大豆出口预计比2002年下降3.8%。

（五）粮食价格高位运行，我国进口粮食到岸价格上升。

美国农产品生产价格高位运行。受大宗农产品产量恢复性增长的影响，2003年美国农产品生产价格将比2002年小幅下降，但普遍高于1999~2001年的低价位，不足以恢复当年美国农产品出口的价格优势。2003年美国小麦、玉米和大豆生产价格（美元/

吨）分别为124.9美元、86.6美元和185.6美元，尽管比2002年下降5.9美元、3.9美元和16.5美元，仍比1999～2001年平均价高29.4%、17%和11.9%。大米价格148.8美元，比2002年上涨56.2美元，涨幅达60.7%。美国粮食生产价格对世界市场粮食价格走势具有重要影响。

我国进口粮食到岸价格（CIF）大幅上升。据海关资料测算，2003年上半年我国进口粮食的到岸价格普遍高于上年同期，谷物及谷物粉平均价格上涨25.9%，小麦、大麦和大米价格上涨6.8%、29.8%和6.7%。上半年大豆进口价格为251.6美元/吨，比上年同期上涨58.1美元/吨，涨幅超过30%。进口粮食价格总体上正逐步逼近国内市场价格。

总体上看，世界粮食市场即期需求持续大于当年产量，期末库存连年大幅下降；美国农产品生产价格高位运行，难以扩大对世界农产品市场的价格竞争优势；我国进口粮食到岸价格（CIF）大幅上升，这些都为我国抵御国外粮食的进口压力，扩大我国粮食出口提供了相对有利的外部环境。在政策选择上，我们必须立足当前，着眼长远，切实保护粮食生产能力，深化粮食流通体制改革，从根本上增强我国粮食产业的国际竞争力。

世界粮食供需平衡表

单位：百万吨

农产品	产量	总供给	国际贸易	总需求	期末库存
谷物合计					
2000/01	1,839.67	2,401.88	232.95	1,860.16	541.72
2001/02	1,872.01	2,408.77	238.57	1,899.47	509.30
2002/03	1,810.62	2,319.92	233.67	1,907.30	412.62
2003/04	1,830.20	2,242.83	222.74	1,915.42	327.41
大豆					
2000/01	175.06	202.82	55.33	171.82	30.64
2001/02	184.42	215.00	53.86	183.97	32.01
2002/03	195.81	227.82	62.58	192.31	35.49
2003/04	206.99	242.48	64.51	203.74	38.98

五、2003年世界主要肉类产品供求形势

2003年世界肉类产品生产与贸易增长势头趋缓，世界牛肉、猪肉和鸡肉总产量将与2002年持平；贸易量1623万吨，比2002年增长0.7%。肉类国际贸易价格回升较多，美国主要肉类产品价格回升超过10.0%，削弱了美国肉类产品出口的价格竞争优势，为扩大我国肉类产品出口提供了有利时机。

（一）牛肉生产与消费下降。世界牛肉生产能力约5000万吨。美国是世界最大的牛肉生产国，2002年生产牛肉1243万吨，占世界牛肉总产量的四分之一。牛肉产量居

二、三位的是欧盟和巴西，产量分别为740万吨和724万吨。2003年世界牛肉生产下滑，产量为4932万吨，比2002年减少143万吨，下降2.8%。2002年美国、欧盟和巴西牛肉消费量分别为1274万吨、742万吨和644万吨。美国牛肉消费量占世界消费总量的25.6%。2002年世界牛肉产消率（消费量/产量，下同）为97.9%。2003年世界牛肉消费量为4869万吨，比2002年减少101万吨，下降2.0%。2003年牛肉产消率提高到98.7%。尽管2003年世界牛肉生产与消费下降，但从中长期走势看，世界牛肉产业仍呈增长态势。

（二）猪肉生产与消费增速放缓。近年来世界猪肉生产处于稳步增长态势，生产能力突破8500万吨。中国猪肉产量占世界猪肉总产量的50%以上。猪肉产量居二、三位的是欧盟和美国，2002年他们的猪肉产量分别为1755万吨和893万吨。2003年世界猪肉生产持续增长，产量达8689万吨，比2002年增长141万吨，增幅1.7%。2002年欧盟和美国的消费量分别为1632万吨和868万吨。2003年世界猪肉消费量达8656万吨，比2002年增长157万吨，增幅为1.8%。猪肉产消率可望升至99.6%。

世界主要肉类产品供需平衡表

单位：万吨

年　　份	1998	1999	2000	2001	2002	2003
肉类产量						
牛肉	4884.6	4961.2	4998.3	4895.8	5075.5	4932.4
猪肉	7932.8	8174.5	8138.6	8315.8	8547.9	8689.1
鸡肉	4023.4	4341.2	4580.0	5169.5	5375.8	5379.2
合计	16840.8	17476.9	17716.9	18381.1	18999.2	19000.7
肉类消费						
牛肉	4822.3	4938.8	4948.8	4783.0	4969.8	4868.6
猪肉	7861.6	8129.6	8101.7	8279.6	8498.9	8655.8
鸡肉	3956.8	4290.0	4491.9	5041.7	5221.9	5234.3
合计	16640.7	17358.4	17542.4	18104.3	18690.6	18758.7
肉类消费量占产量的比重(%)						
牛肉	98.72	99.55	99.01	97.70	97.92	98.71
猪肉	99.10	99.45	99.55	99.56	99.43	99.62
鸡肉	98.34	98.82	98.08	97.53	97.14	97.31
合计	98.81	99.32	99.02	98.49	98.38	98.73
肉类贸易量						
牛肉	497	543	551	581	636	662
猪肉	273	324	327	354	402	391
鸡肉	388	422	445	561	573	570
合计	1158	1289	1322	1496	1611	1623

（三）鸡肉生产与消费与上年持平。世界鸡肉生产能力接近5500万吨。美国是最大的鸡肉生产国，2002年鸡肉产量1447万吨，占世界鸡肉总产量的26.9%。鸡肉生产居二、三位的是中国和巴西。2003年世界鸡肉产量为5379万吨，比2002年略增0.1%。2003年世界鸡肉消费量为5234万吨，比2002年增加12万吨。鸡肉产消率升至97.3%。

（四）2003年肉类国际贸易量小幅增长。分品种看，牛肉贸易增长，猪肉和鸡肉贸易下降。肉类贸易总量1623万吨，比2002年增长0.7%。2003年世界牛肉贸易量662万吨，创历史新高，比2002年上升4.0%。美国牛肉出口与2002年持平，澳大利亚和巴西2003年牛肉出口增长。世界猪肉贸易391万吨，比2002年下降2.7%。美国猪肉出口达75万吨，占世界猪肉市场的份额进一步扩大。欧盟收复2001年因口蹄疫（FMD）爆发而损失的市场份额，加拿大猪肉出口因其生猪产业的扩张持续增长。2003年世界鸡肉贸易量570万吨，比2002年下降0.5%。

（五）美国牛肉和猪肉生产价格上涨10.0%以上。美国作为世界农产品生产大国和最大的农产品贸易大国，2002年牛肉、猪肉和鸡肉总产量达3582万吨，占世界总产量的18.9%；当年出口牛肉、猪肉和鸡肉402万吨，占世界贸易总量的25.0%。2003年美国牛肉生产价格1687美元/吨，比上年上涨14.1%。猪肉价格849美元/吨，上涨10.2%。鸡肉生产价格1345美元/吨，较上年上涨9.7%。

第2部分

农产品生产价格指数

2－1　全国农产品生产价格总指数

（上年＝100）

年　份	农产品生产价格总指数
1978	103.90
1980	107.10
1985	108.60
1990	97.40
1991	98.00
1992	103.40
1993	113.40
1994	139.90
1995	119.90
1996	104.20
1997	95.50
1998	92.00
1999	87.80
2000	96.40
2001	103.10
2002	99.70
2003	104.37

注:2000 年以前数据为农产品收购价格指数。

2－2 全国农产品生产价格指数

（上年＝100）

农产品名称	2002 年	2003 年
总指数	99.70	104.37
一、种植业产品	100.05	107.42
粮食	96.14	104.48
谷物(原粮)	95.81	102.34
小麦	98.14	102.99
硬粒小麦	99.71	103.96
软粒小麦	87.68	103.12
混合小麦	98.75	101.84
稻谷	97.17	99.89
早籼稻	99.38	101.69
晚籼稻	100.79	103.70
粳稻	94.72	97.85
玉米	91.51	104.58
黄玉米	91.26	104.59
白玉米	102.90	101.33
混合玉米	109.93	104.66
薯类	93.70	92.87
红薯	142.94	94.54
马铃薯	75.42	92.21
豆类	98.12	119.33
大豆	98.95	120.62
绿豆	86.12	100.45
红小豆	99.30	103.60
油料	104.83	119.40
花生	102.70	124.19
油菜籽	103.14	119.15
芝麻	88.63	128.92
胡麻籽	118.52	116.34
棉花	103.36	135.33
细绒棉(籽棉)	103.84	135.81
长绒棉(籽棉)	95.80	121.21
麻类	93.84	111.11
黄红麻	96.65	107.67
苎麻	86.25	113.83
糖料	86.01	90.50
甘蔗	86.58	90.49
甜菜	98.58	106.56
烟叶	132.78	97.21
烤烟叶	153.69	94.94
晒烟叶	99.08	112.40

2－2 续表1

农产品名称	2002年	2003年
蔬菜	95.07	110.44
叶菜类	98.10	113.21
菠菜	85.61	113.94
芹菜	81.62	127.10
大白菜	81.37	115.76
元白菜	90.30	99.55
甘蓝	146.07	97.81
花椰菜	89.66	112.08
莴笋	119.21	102.77
油菜	155.51	109.50
瓜菜类	98.01	110.71
黄瓜	96.99	113.37
冬瓜	93.23	122.81
西葫芦	146.06	107.46
块根、块茎菜类	85.85	111.62
萝卜	86.33	110.46
胡萝卜	99.16	115.09
生姜	67.06	95.91
茄果菜类	86.19	108.55
茄子	101.74	117.82
西红柿	79.18	103.82
辣椒	87.87	111.06
青椒	109.39	109.38
葱蒜类	96.39	105.98
大葱	173.42	110.21
蒜苔	109.81	115.60
蒜头	84.59	94.67
菜用豆类	100.36	109.98
四季豆	98.55	104.16
豇豆	103.13	117.49
水生菜类	129.38	112.41
莲藕	112.72	114.53
茭白	132.52	102.64
荸荠	96.48	99.69
水果	109.91	102.04
苹果	106.53	103.51
红富士苹果	120.67	103.84
国光苹果	94.62	91.60
秦冠苹果	88.94	107.81
香蕉苹果	74.58	110.85
梨	112.35	102.91
雪花梨	125.19	109.54
鸭梨	103.04	103.56

2-2 续表2

农产品名称	2002年	2003年
酥梨	90.77	106.64
香梨	123.25	142.19
柑桔类	103.03	100.50
柑	109.40	99.24
桔	107.11	106.19
橙	95.08	109.41
柚	84.92	93.89
热带亚热带水果	104.49	114.98
香蕉	143.80	111.31
荔枝	82.68	125.03
龙眼	62.24	115.09
果用瓜	168.06	88.59
西瓜	287.81	88.54
甜瓜	90.94	91.83
桃	113.46	89.42
杏	93.74	98.72
杨梅	108.35	81.29
草莓	95.66	110.38
猕猴桃	101.85	87.77
葡萄	136.63	99.14
红枣	101.95	91.62
柿子	110.24	97.86
红毛茶	103.99	83.22
绿毛茶	180.70	100.56
乌龙茶	104.70	94.56
二、林业产品	98.30	107.01
工业用原料	110.47	121.49
橡胶	110.47	121.49
油桐籽	96.23	180.53
油茶籽	93.77	113.54
坚果	142.89	96.39
核桃	142.89	96.39
花椒	101.11	98.68
八角	82.52	74.93
桂皮	86.07	92.07
三、畜产品	100.15	101.76
猪	97.96	102.86
肉牛	91.44	101.68
家禽(毛重)	106.08	101.00
鸡	105.93	101.02
鸭	100.68	95.81
鹅	103.78	101.83
蛋类	102.79	101.06
鸡蛋	102.59	101.06

2－2　续表3

农产品名称	2002年	2003年
鸭蛋	110.74	101.61
鹅蛋	89.67	100.35
奶类	99.72	103.68
牛奶	99.77	103.67
羊奶	62.67	105.90
毛绒类	80.12	102.23
山羊毛	175.45	85.72
山羊绒	67.56	104.92
蚕茧	64.39	106.29
蜂蜜	137.68	106.87
四、渔业产品	95.89	100.34
海水水产品	98.09	101.13
海水鱼类	104.87	103.98
大黄鱼	76.65	94.01
小黄鱼	91.56	97.68
带鱼	94.92	102.75
石斑鱼	102.65	84.24
海水虾蟹类	149.67	110.19
海水贝类	106.67	97.80
贻贝	91.83	99.63
扇贝	100.35	102.41
牡蛎	107.77	96.65
鲍鱼	99.20	111.12
蛤	107.07	98.35
蚶	98.26	138.03
藻类	118.13	102.66
海带	108.74	103.98
紫菜	116.49	103.19
内陆水域水产品	93.06	98.83
淡水鱼类	93.06	98.65
青鱼	59.97	99.28
草鱼	90.97	97.33
鲤鱼	93.92	101.06
鲢鱼	89.03	97.28
鲫鱼	85.07	98.06
罗非鱼	104.72	96.57
淡水虾蟹类	91.73	104.13

2－3　2002年全国农产品生产价格指数

（上年同期＝100）

农产品名称	第一季度	第二季度	第三季度	第四季度	全 年
总指数	99.30	98.90	98.10	102.29	99.70
一、种植业产品	95.13	99.70	98.10	107.25	100.05
粮食	96.06	94.60	95.30	98.60	96.14
谷物(原粮)	98.21	95.60	93.00	96.43	95.81
小麦	103.79	93.20	98.00	97.56	98.14
硬粒小麦	112.72	90.20	97.90	98.03	99.71
软粒小麦	97.43	81.30	82.30	89.67	87.68
混合小麦	101.00	100.60	100.20	93.20	98.75
稻谷	98.21	101.20	93.10	96.17	97.17
早籼稻	102.68	101.60	95.10	98.15	99.38
晚籼稻	101.33	103.50	97.80	100.54	100.79
粳稻	96.67	98.20	90.60	93.40	94.72
糯稻	114.60	112.10	101.00	127.75	113.86
玉米	97.21	93.30	79.40	96.11	91.51
黄玉米	97.20	93.10	78.20	96.53	91.26
白玉米	111.68	115.50	91.10	93.31	102.90
混合玉米	90.97	165.00	92.40	91.35	109.93
薯类	90.81	88.30	118.70	76.97	93.70
红薯	120.60	139.00	223.20	88.97	142.94
马铃薯	73.93	76.00	79.30	72.45	75.42
豆类	82.87	90.20	109.50	109.90	98.12
大豆	83.15	90.40	110.60	111.65	98.95
绿豆	76.05	77.10	99.10	92.22	86.12
红小豆	107.91	117.20	62.40	109.68	99.30
油料	108.55	103.20	102.10	105.47	104.83
花生	80.98	104.70	110.90	114.21	102.70
油菜籽	110.09	102.80	97.90	101.75	103.14

2-3 续表1

农产品名称	第一季度	第二季度	第三季度	第四季度	全年
芝麻	92.55	88.20	89.20	84.58	88.63
胡麻籽	153.38	112.50	112.10	96.12	118.52
棉花	77.20	88.00	110.10	138.13	103.36
细绒棉(籽棉)	77.30	88.00	110.80	139.27	103.84
长绒棉(籽棉)	73.76	100.00	89.00	120.46	95.80
麻类	106.71	85.20	92.50	90.95	93.84
黄红麻	115.14	95.70	90.50	85.27	96.65
苎麻	82.74	77.90	92.70	91.64	86.25
糖料	81.41	105.20	70.90	86.51	86.01
甘蔗	81.39	105.20	73.20	86.51	86.58
甜菜	98.20	96.10	100.00	100.00	98.58
烟叶	83.23	183.30	111.40	153.20	132.78
烤烟叶	86.05	263.90	111.60	153.22	153.69
晒烟叶	67.32	97.80	80.30	150.90	99.08
蔬菜	77.48	95.90	84.70	122.21	95.07
叶菜类	77.05	86.80	77.20	151.35	98.10
菠菜	95.47	94.10	87.20	65.66	85.61
芹菜	68.07	78.60	89.50	90.29	81.62
大白菜	53.29	50.70	42.20	179.29	81.37
元白菜	63.48	73.90	84.20	139.64	90.30
甘蓝	21.03	38.70	52.50	472.05	146.07
花椰菜	87.03	72.10	61.60	137.90	89.66
莴笋	120.53	105.80	118.50	132.01	119.21
油菜	87.83	107.30	105.30	321.62	155.51
小白菜	100.00	100.00	101.50	100.00	100.38
青菜	100.00	100.00	115.00	100.00	103.75
瓜菜类	85.70	86.80	102.90	116.64	98.01
黄瓜	86.82	86.90	99.60	114.62	96.99
冬瓜	55.66	63.60	122.20	131.46	93.23
西葫芦	67.51	99.90	283.30	133.52	146.06
块根、块茎菜类	75.21	82.30	60.40	125.50	85.85

2-3 续表2

农产品名称	第一季度	第二季度	第三季度	第四季度	全 年
萝卜	75.63	81.40	60.70	127.59	86.33
胡萝卜	134.46	144.50	54.90	62.79	99.16
生姜	52.12	92.90	49.90	73.31	67.06
茄果菜类	58.98	108.80	82.10	94.88	86.19
茄子	79.65	123.70	97.00	106.62	101.74
西红柿	56.46	105.50	67.40	87.35	79.18
辣椒	59.23	87.50	74.80	129.96	87.87
青椒	88.31	106.60	133.10	109.55	109.39
葱蒜类	135.35	60.90	84.70	104.59	96.39
大葱	171.63	250.10	182.70	89.26	173.42
蒜苔	177.80	81.40	54.30	125.74	109.81
蒜头	116.54	50.30	55.60	115.92	84.59
菜用豆类	46.54	111.40	105.90	137.59	100.36
四季豆	47.51	97.60	124.90	124.18	98.55
豇豆	35.24	136.90	95.20	145.18	103.13
水生菜类	99.47	105.10	129.70	183.24	129.38
莲藕	100.24	98.60	153.90	98.13	112.72
茭白	100.00	115.30	128.80	185.99	132.52
荸荠	85.94	100.00	100.00	100.00	96.48
水果	125.09	117.90	103.00	93.65	109.91
苹果	141.53	100.50	124.40	59.71	106.53
红富士苹果	143.08	93.10	181.40	65.11	120.67
国光苹果	111.80	117.30	60.00	89.38	94.62
秦冠苹果	115.87	107.30	73.70	58.90	88.94
香蕉苹果	100.00	100.00	60.80	37.52	74.58
梨	104.56	95.60	123.40	125.84	112.35
雪花梨	149.65	99.90	125.50	125.71	125.19
鸭梨	104.33	102.00	103.50	102.32	103.04
酥梨	110.92	69.60	43.30	139.24	90.77
香梨	100.00	100.00	181.90	111.11	123.25
柑桔类	89.67	96.20	91.70	134.56	103.03

2－3　续表3

农产品名称	第一季度	第二季度	第三季度	第四季度	全 年
柑	90.04	94.30	90.40	162.88	109.40
桔	89.29	101.00	120.10	118.07	107.11
橙	81.64	100.00	100.00	98.68	95.08
柚	85.49	100.00	83.50	70.70	84.92
热带亚热带水果	267.44	86.70	39.50	24.32	104.49
香蕉	267.44	186.10	47.10	74.57	143.80
荔枝	100.00	26.10	104.60	100.00	82.68
龙眼	100.00	100.00	33.90	15.04	62.24
果用瓜	420.22	44.00	135.40	72.64	168.06
甜瓜	100.00	140.60	88.20	34.96	90.94
哈密瓜	100.00	100.00	135.20	100.00	108.80
桃	100.00	161.80	88.30	103.72	113.46
杏	100.00	90.60	103.70	80.65	93.74
杨梅	100.00	133.40	100.00	100.00	108.35
草莓	93.48	77.70	112.80	98.64	95.66
猕猴桃	100.00	100.00	101.50	105.88	101.85
葡萄	191.12	196.70	96.20	62.50	136.63
红枣	115.16	100.90	101.20	90.54	101.95
柿子	139.41	100.00	70.60	130.97	110.24
茶叶(干品)	114.40	144.40	255.20	140.89	163.72
红毛茶	100.00	135.30	119.80	60.84	103.99
绿毛茶	114.40	145.30	320.00	143.11	180.70
乌龙茶	100.00	109.00	70.70	139.09	104.70
紧压茶原料	100.00	100.00	81.00	100.00	95.25
二、林业产品	86.42	88.40	106.90	111.49	98.30
木材	96.40	104.50	95.60	105.26	100.44
原木	94.80	104.40	95.50	105.54	100.06
薪材	211.21	165.20	113.00	60.47	137.47
竹材	71.42	149.90	90.40	65.74	94.37
林产品	79.97	83.30	108.10	112.14	95.88

2-3 **续表4**

农产品名称	第一季度	第二季度	第三季度	第四季度	全 年
工业用原料	76.05	92.00	116.30	157.52	110.47
橡胶	76.05	92.00	116.30	157.52	110.47
油桐籽	84.93	100.00	100.00	100.00	96.23
油茶籽	75.08	100.00	100.00	100.00	93.77
坚果	124.96	184.60	179.00	83.02	142.89
核桃	124.96	184.60	179.00	83.02	142.89
香料与饮料	87.55	69.80	99.10	59.62	79.02
咖啡豆	100.00	88.00	100.00	100.00	97.00
花椒	197.96	72.60	84.30	49.58	101.11
八角	52.20	57.70	139.90	80.28	82.52
桂皮	100.00	90.60	66.40	87.27	86.07
三、畜产品	103.42	99.80	98.80	98.59	100.15
肉畜(毛重)	99.59	97.80	99.50	102.03	99.73
猪	97.67	97.50	97.20	99.46	97.96
肉牛	92.22	78.70	96.80	98.04	91.44
山羊	126.85	161.10	141.20	130.96	140.03
绵羊	148.49	170.30	161.80	123.12	150.93
家禽(毛重)	127.93	107.90	93.90	94.59	106.08
鸡	127.96	107.90	93.30	94.58	105.93
鸭	105.74	103.50	97.10	96.36	100.68
鹅	100.00	100.00	115.10	100.00	103.78
蛋类	108.18	104.80	98.60	99.57	102.79
鸡蛋	108.09	104.50	98.50	99.27	102.59
鸭蛋	111.78	119.90	102.70	108.56	110.74
鹅蛋	60.59	98.10	100.00	100.00	89.67
奶类	97.09	98.50	99.20	104.09	99.72
牛奶	97.12	98.50	99.30	104.16	99.77
羊奶	77.49	60.50	58.20	54.49	62.67
毛绒类	120.24	80.70	62.30	57.25	80.12
山羊毛	419.69	139.90	86.80	55.39	175.45
山羊绒	82.81	74.20	55.40	57.83	67.56
蚕茧	75.41	65.90	69.30	46.95	64.39

2－3　**续表5**

农产品名称	第一季度	第二季度	第三季度	第四季度	全 年
桑蚕茧	74.24	65.90	69.10	46.73	63.99
柞蚕茧	100.00	100.00	100.00	85.35	96.34
蜂蜜	115.91	223.80	152.70	58.30	137.68
四、渔业产品	106.00	93.40	93.30	90.87	95.89
海水水产品	114.64	98.60	92.30	86.81	98.09
海水鱼类	148.51	94.50	93.10	83.38	104.87
大黄鱼	110.68	61.10	80.60	54.21	76.65
小黄鱼	98.03	63.00	120.40	84.82	91.56
带鱼	122.27	59.30	93.50	104.61	94.92
鳕鱼	164.65	100.00	224.60	83.15	143.10
石斑鱼	100.00	100.00	110.60	100.00	102.65
海水虾蟹类	276.24	164.50	69.20	88.76	149.67
海水贝类	59.02	111.30	129.10	127.27	106.67
贻贝	100.00	87.50	79.80	100.00	91.83
扇贝	100.00	101.40	100.00	100.00	100.35
牡蛎	156.00	97.10	74.20	103.79	107.77
鲍鱼	35.29	51.80	169.00	140.69	99.20
蛤	58.96	111.60	128.50	129.22	107.07
蚶	93.05	100.00	100.00	100.00	98.26
藻类	114.41	144.80	108.40	104.90	118.13
海带	76.87	144.80	108.40	104.90	108.74
紫菜	121.44	144.50	100.00	100.00	116.49
内陆水域水产品	93.62	85.90	95.10	97.64	93.06
淡水鱼类	93.62	85.90	95.10	97.64	93.06
青鱼	69.60	61.60	60.90	47.77	59.97
草鱼	94.33	88.40	89.80	91.35	90.97
鲤鱼	101.84	82.60	94.70	96.56	93.92
鲢鱼	101.03	75.70	88.00	91.39	89.03
鲫鱼	79.73	91.50	90.80	78.25	85.07
罗非鱼	68.20	66.90	122.00	161.80	104.72
虹鳟鱼	83.89	115.40	125.10	111.09	108.87
淡水虾蟹类	89.48	99.90	91.30	86.23	91.73

2－4　2003年全国农产品生产价格指数

（上年同期＝100）

农产品名称	一季度	二季度	三季度	四季度	全 年
总指数	101.15	102.65	102.05	111.64	104.37
一、种植业产品	105.01	106.73	102.91	115.03	107.42
粮食	98.33	103.89	101.47	114.21	104.48
谷物(原粮)	95.92	101.51	100.15	111.79	102.34
小麦	96.00	103.20	100.69	112.05	102.99
硬粒小麦	98.69	104.22	100.81	112.09	103.96
软粒小麦	94.69	103.40	103.99	110.41	103.12
混合小麦	94.95	100.76	99.86	111.78	101.84
稻谷	94.12	97.29	97.81	110.35	99.89
早籼稻	99.11	98.04	102.73	106.87	101.69
晚籼稻	99.93	101.26	102.99	110.64	103.70
粳稻	92.02	93.23	93.10	113.04	97.85
玉米	97.48	103.44	103.27	114.12	104.58
黄玉米	97.48	103.45	103.06	114.36	104.59
白玉米	96.15	99.63	104.10	105.43	101.33
混合玉米	98.53	102.26	105.60	112.24	104.66
其他玉米	87.83	94.15	103.99	111.58	99.39
杂粮	116.43	120.92	100.00	100.00	118.67
谷子	117.82	121.54	105.98	105.41	112.69
高粱	97.47	95.74	106.17	106.22	101.40
大麦	102.79	98.48	101.33	106.72	102.33
荞麦	109.02	125.83	95.31	109.39	109.89
元麦	129.34	124.75	100.00	100.00	127.05
青稞	107.74	126.29	102.55	105.35	110.48
莜麦	103.86	113.88	101.36	101.88	105.24
燕麦	130.85	131.67	92.61	100.00	118.38
薯类	89.44	94.88	84.92	102.25	92.87

2-4 **续表1**

农产品名称	一季度	二季度	三季度	四季度	全 年
红薯	92.27	97.87	91.29	96.73	94.54
马铃薯	87.83	94.15	82.52	104.33	92.21
豆类	116.43	120.92	114.80	125.17	119.33
大豆	117.82	121.54	116.77	126.33	120.62
绿豆	97.47	95.74	95.18	113.41	100.45
红小豆	102.79	98.48	86.94	126.18	103.60
蚕豆	91.97	112.03	105.58	115.13	106.18
豌豆	112.72	108.47	99.99	99.90	105.27
芸豆	126.87	108.47	100.42	105.58	110.33
油料	109.02	125.83	120.55	122.22	119.40
花生	129.34	124.75	115.13	127.54	124.19
油菜籽	107.74	126.29	123.27	119.31	119.15
芝麻	103.86	113.88	110.12	187.81	128.92
向日葵	100.74	93.83	99.65	105.66	99.97
胡麻籽	123.78	112.70	110.16	118.73	116.34
苏籽	112.32	114.76	100.00	123.26	116.78
棉花(籽棉)	130.85	131.67	127.91	150.90	135.33
细绒棉	131.16	131.67	128.83	151.57	135.81
长绒棉	119.36	125.04	100.00	140.45	121.21
麻类	95.45	90.68	120.28	138.03	111.11
黄红麻	93.92	78.56	140.33	117.89	107.67
亚麻	98.03	108.75	92.93	100.00	99.90
苎麻	99.80	99.14	115.89	140.50	113.83
线麻	106.06	108.16	100.00	100.00	107.11
苘麻	105.08	100.94	100.00	100.00	103.01
剑麻	81.57	74.47	100.00	112.42	89.49
糖料	88.38	87.14	87.56	98.93	90.50
甘蔗	88.38	87.09	87.56	98.93	90.49
甜菜	99.68	120.00	104.00	102.55	106.56
烟叶	95.10	105.99	92.26	95.51	97.21
烤烟叶	91.97	100.29	92.08	95.42	94.94
晒烟叶	112.72	112.03	117.43	107.44	112.40

2-4 续表2

农产品名称	一季度	二季度	三季度	四季度	全年
白肋烟	95.44	99.20	100.00	109.62	101.42
香料烟	124.75	107.15	100.00	100.00	115.95
青饲料	130.73	110.68	104.45	101.33	111.80
牧草	130.73	113.13	94.65	102.96	110.37
绿肥	97.03	106.16	100.00	100.00	101.60
桑叶	109.04	97.70	123.38	100.00	110.04
席草	95.65	102.34	75.69	69.46	85.79
蓖麻籽	110.30	96.45	100.00	111.11	105.96
除虫菊	102.29	103.74	100.00	100.00	103.01
薄荷油	102.87	98.01	108.11	100.00	103.00
蔬菜与园艺作物	126.87	108.47	99.22	107.20	110.44
蔬菜	126.87	108.47	99.22	107.20	110.44
叶菜类	131.15	110.54	100.19	110.95	113.21
菠菜	142.97	109.35	94.08	109.35	113.94
芹菜	152.13	114.03	130.12	112.12	127.10
大白菜	124.52	120.44	101.80	116.29	115.76
元白菜	100.74	102.59	91.36	103.49	99.55
甘蓝	123.78	93.83	60.80	112.81	97.81
花椰菜	112.32	112.70	110.32	113.00	112.08
莴笋	106.48	114.76	75.84	114.01	102.77
油菜	119.23	111.19	101.61	105.99	109.50
瓜菜类	128.78	107.80	102.03	104.23	110.71
黄瓜	147.41	100.16	102.72	103.20	113.37
冬瓜	158.76	125.04	97.34	110.09	122.81
西葫芦	107.56	96.55	105.09	120.64	107.46
苦瓜	126.68	120.04	106.57	89.64	110.73
丝瓜	98.03	108.75	94.98	103.95	101.43
南瓜	74.03	93.35	99.52	107.08	93.49
打瓜	108.65	96.87	104.90	104.28	103.67
瓠子	108.65	96.87	86.78	105.80	99.52
块根与块茎菜类	105.33	104.98	122.40	113.77	111.62
萝卜	106.06	108.16	116.21	111.42	110.46

2-4　**续表3**

农产品名称	一季度	二季度	三季度	四季度	全 年
胡萝卜	105.08	100.94	136.40	117.95	115.09
生姜	81.57	74.47	104.68	122.94	95.91
芋头	119.88	117.29	107.43	101.54	111.54
苔干	71.74	117.29	100.00	119.29	102.77
百合(根)	97.63	78.37	115.31	113.49	101.20
芋艿	63.45	78.37	146.66	122.03	102.63
山药	97.23	76.76	113.87	112.17	100.01
茄果菜类	128.74	107.64	99.11	98.71	108.55
茄子	152.02	112.51	106.79	99.94	117.82
西红柿	116.87	108.75	89.70	99.94	103.82
辣椒	116.70	115.41	106.93	105.20	111.06
青椒	139.46	98.31	104.31	95.43	109.38
葱蒜类	111.64	114.85	89.35	108.08	105.98
大葱	107.40	109.17	106.61	117.67	110.21
蒜苔	122.06	118.58	106.00	115.76	115.60
蒜头	95.44	99.20	83.32	100.70	94.67
洋葱	98.24	94.17	106.02	98.11	99.13
蒜苗	98.21	94.19	145.57	114.95	113.23
小葱	99.33	83.86	90.94	108.83	95.74
韭菜	89.15	98.74	107.00	101.46	99.09
菜用豆类	124.75	107.15	98.49	109.55	109.98
四季豆	106.21	101.55	95.82	113.07	104.16
豇豆	150.18	112.51	99.40	107.88	117.49
水生菜类	130.73	110.68	109.45	98.80	112.41
莲藕	130.73	113.13	106.13	108.12	114.53
茭白	96.32	106.16	109.57	98.50	102.64
荸荠	99.83	94.62	99.73	104.58	99.69
食用菌(干鲜混合)	97.03	97.70	98.00	104.15	99.22
香菇(干品)	109.04	102.34	87.17	89.19	96.93
蘑菇(鲜品)	95.65	96.45	97.76	102.54	98.10
黑木耳(干品)	110.30	103.74	114.20	123.33	112.90
白木耳(干品)	79.50	112.20	89.09	102.50	95.82

2－4　续表4

农产品名称	一季度	二季度	三季度	四季度	全 年
金针菇(鲜品)	90.49	89.64	113.04	99.07	98.06
猴头菌(干品)	100.00	100.67	100.00	100.00	100.34
平菇(鲜品)	100.00	105.42	105.69	110.90	105.50
花菇(干品)	97.34	89.59	99.98	100.00	95.64
椿芽	95.15	98.23	106.07	100.00	99.86
花卉	96.63	96.18	100.00	100.00	96.41
鲜切花	97.29	97.55	100.00	100.00	97.42
百合花	99.46	98.55	62.43	87.89	87.08
康乃馨	100.00	94.56	296.79	210.94	175.57
满天星	95.65	99.75	128.51	388.07	177.99
勿忘我	78.22	87.43	100.00	135.23	100.29
非洲菊	100.00	100.00	109.99	100.00	103.33
玫瑰	78.70	113.18	92.81	108.57	98.31
情人草	100.00	59.54	57.15	100.00	58.35
盆栽植物	102.08	101.21	134.83	107.76	111.47
观赏苗木	91.71	85.66	100.09	108.62	96.52
草坪草皮	98.46	90.72	91.84	85.94	91.74
水果、饮料与香料作物	102.29	98.01	104.14	101.65	101.52
水果	102.87	98.69	104.91	101.70	102.04
苹果	111.26	100.74	107.19	94.83	103.51
红富士苹果	111.05	103.47	107.25	93.60	103.84
国光苹果	84.29	78.56	107.15	96.39	91.60
秦冠苹果	124.80	99.50	106.83	100.10	107.81
香蕉苹果	96.68	103.36	124.57	118.78	110.85
元帅苹果	95.24	100.00	104.73	95.58	98.52
新红星苹果	111.11	93.94	116.12	107.36	107.13
梨	98.26	107.84	95.79	109.76	102.91
雪花梨	118.98	114.22	95.29	109.67	109.54
鸭梨	98.21	100.00	118.26	97.75	103.56
酥梨	95.40	104.34	108.75	118.05	106.64
香梨	100.00	100.00	142.19	100.00	142.19
苹果梨	103.45	100.00	99.79	108.09	103.78

2－4　续表5

农产品名称	一季度	二季度	三季度	四季度	全 年
柑桔类	101.97	96.96	99.37	103.71	100.50
柑	98.62	95.72	98.62	103.99	99.24
桔	117.80	100.05	109.85	97.07	106.19
橙	119.23	103.74	100.00	105.25	109.41
柚	95.58	75.00	108.00	96.98	93.89
热带亚热带水果	103.51	125.44	137.89	93.09	114.98
香蕉	103.51	104.79	113.74	123.20	111.31
菠萝	60.58	74.48	116.67	100.00	87.93
荔枝	100.00	138.03	170.40	66.67	125.03
龙眼	100.00	100.00	138.64	91.55	115.09
芒果	202.51	71.56	115.81	98.06	121.98
木瓜	60.83	98.04	100.00	92.02	83.63
橄榄	100.00	80.00	96.17	101.56	92.58
瓜果类	52.79	93.61	105.01	102.96	88.59
西瓜	53.28	93.62	104.47	102.79	88.54
甜瓜	52.46	93.36	115.16	106.33	91.83
香瓜	100.00	116.82	100.06	108.89	108.59
伊利沙白瓜	100.00	98.52	100.00	100.00	99.26
草莓	109.25	104.81	87.34	140.13	110.38
桃	100.00	93.35	94.75	80.14	89.42
杏	100.00	99.15	97.02	100.00	98.72
杨梅	100.00	91.01	69.53	83.33	81.29
猕猴桃	100.00	87.50	91.37	72.23	87.77
葡萄	75.65	113.52	93.52	113.87	99.14
红枣	97.87	78.72	84.02	105.85	91.62
柿子	89.51	100.00	103.91	100.17	97.86
红毛茶	74.03	91.14	83.83	83.86	83.22
绿毛茶	103.20	97.19	103.61	98.23	100.56
乌龙茶	103.48	90.31	75.66	108.80	94.56
咖啡豆	102.79	99.68	215.48	106.46	131.10
茯苓	100.00	104.39	107.99	112.28	108.22
党参	208.82	311.35	100.00	107.97	182.04

2－4　续表 6

农产品名称	一季度	二季度	三季度	四季度	全 年
当归	119.06	164.20	200.00	100.00	145.82
黄芪	125.00	113.21	104.66	113.03	113.98
金银花	100.00	120.02	148.85	103.04	123.97
黄连	100.00	100.00	100.90	91.64	96.27
甘草	112.34	98.55	103.79	100.00	103.67
贝母	212.45	186.21	141.28	153.54	173.37
红花	100.00	95.35	164.10	100.17	114.90
元胡	119.65	100.00	100.30	111.87	107.95
枸杞	119.09	100.00	133.59	107.19	119.96
菊花	92.09	104.20	100.00	201.98	132.76
白术	88.34	92.31	100.00	137.56	104.55
半夏	94.63	117.08	116.46	100.00	109.39
生地	101.14	100.00	103.07	105.80	102.50
杜仲	100.00	99.41	105.39	101.35	102.05
板蓝根	100.00	137.92	111.11	101.85	112.72
苦丁茶	41.65	54.70	39.80	68.66	51.20
天麻	102.82	107.92	157.89	94.21	115.71
穿心莲	100.00	98.33	100.00	181.29	126.54
桔梗	169.97	137.07	100.00	118.27	141.77
丹参	82.97	99.75	100.00	100.00	91.36
大青叶	125.00	100.00	100.00	100.00	112.50
小麦秸	96.57	99.26	125.98	123.34	111.29
稻草	95.07	93.12	79.82	109.81	94.45
玉米秆	92.23	132.80	90.83	131.71	111.89
谷子秆	107.56	162.54	100.00	100.40	123.50
高粱秆	113.10	100.00	100.00	125.69	109.70
薯藤	99.15	103.20	97.00	105.41	101.19
花生蔓	106.67	103.08	100.00	100.00	104.87
油菜籽秆	100.00	100.00	100.00	125.56	108.52
豆秸	100.00	101.03	113.80	100.00	104.94
棉籽	94.44	97.56	100.00	100.00	96.00
二、林业产品	108.65	101.24	112.79	105.36	107.01

2-4 续表7

农产品名称	一季度	二季度	三季度	四季度	全 年
红松	93.04	105.93	98.35	100.90	99.55
落叶松	82.72	89.69	100.17	101.69	93.57
马尾松	99.75	102.32	96.96	103.32	100.59
杉木	99.67	101.82	101.21	101.73	101.11
云南松	100.12	101.43	101.72	93.63	99.22
薪材	99.27	98.41	100.69	99.49	99.46
水竹	90.98	64.03	175.28	101.63	107.98
斑竹	89.93	100.00	100.00	101.29	97.07
毛竹(楠竹)	102.39	99.02	93.24	104.05	99.68
蒿竹	83.12	89.63	82.33	97.44	88.13
淡竹	140.00	113.14	93.75	104.48	112.84
其他竹材	102.56	91.00	98.74	113.63	101.48
林产品	108.65	101.24	112.79	105.36	107.01
工业用原料	127.32	117.29	124.41	116.94	121.49
橡胶	127.31	117.29	124.41	116.94	121.49
油桐籽	164.07	214.46	100.00	163.07	180.53
乌桕籽	100.39	100.00	100.00	183.15	127.85
五倍籽	100.00	100.00	137.32	177.86	157.59
油茶籽	101.65	118.48	124.61	109.41	113.54
棕片	96.99	104.99	77.20	97.24	94.10
松脂	97.28	105.39	101.80	106.94	102.85
坚果	119.88	78.37	88.85	98.46	96.39
核桃	119.88	78.37	88.85	98.46	96.39
板栗	100.04	81.23	108.37	97.77	96.85
腰果	100.00	93.83	109.45	100.00	101.64
白果	104.50	100.00	59.95	76.75	80.40
杏仁	100.00	100.00	99.91	88.00	95.97
松子	100.00	100.00	95.51	113.27	104.39
椰子	118.41	72.40	104.98	124.21	105.00
槟榔	102.62	156.17	107.51	80.70	111.75
香料	71.74	76.76	99.72	91.96	85.05
花椒	97.63	93.73	102.87	100.47	98.68

2-4 续表8

农产品名称	一季度	二季度	三季度	四季度	全 年
八角	63.45	77.76	91.37	67.15	74.93
桂皮	100.00	67.35	88.00	120.86	92.07
胡椒	81.18	112.23	109.88	106.70	102.50
柳条	96.00	100.27	110.06	100.00	102.11
藤条	99.39	100.00	100.00	100.00	99.69
竹笋干	101.76	94.36	96.50	97.71	97.58
三、牧业(畜产品)	97.23	99.08	101.49	109.25	101.76
牛	100.39	103.49	98.92	103.92	101.68
牛肉	101.56	113.47	103.05	102.73	105.20
奶牛	100.00	100.80	100.00	100.00	100.40
羊	92.96	100.29	94.01	98.11	96.34
羊肉	96.51	127.38	89.76	106.06	104.93
马	100.43	101.20	103.19	105.27	102.52
驴	104.74	96.75	90.07	108.50	100.01
骡	99.10	106.70	100.00	100.00	101.93
骆驼	100.00	100.00	100.00	130.01	115.01
活猪(毛重)	96.51	99.88	102.09	112.97	102.86
猪肉	99.99	100.62	103.51	109.54	103.42
仔猪	100.35	101.21	108.46	110.85	105.22
母猪	99.85	100.39	104.91	102.25	101.85
家禽(毛重)	99.20	94.17	104.59	106.03	101.00
鸡	99.20	94.19	104.67	106.03	101.02
鸭	97.57	83.86	98.41	103.40	95.81
鹅	106.01	90.70	101.42	109.18	101.83
兽皮	96.72	100.00	100.00	87.54	94.75
禽蛋	98.24	98.74	102.27	104.99	101.06
鸡蛋	98.21	98.60	102.34	105.09	101.06
鸭蛋	99.33	105.50	99.94	101.65	101.61
鹅蛋	89.15	112.66	96.79	102.79	100.35
奶类	98.99	99.97	104.69	111.06	103.68
牛奶	98.99	99.97	104.69	111.06	103.67
羊奶	100.85	102.21	107.27	113.28	105.90

2-4 续表9

农产品名称	一季度	二季度	三季度	四季度	全年
毛绒类	103.99	92.92	98.13	113.89	102.23
山羊毛	67.95	77.49	97.45	100.00	85.72
绵羊毛	96.00	94.71	114.62	98.16	100.87
山羊绒	108.49	94.62	98.33	118.24	104.92
绵羊绒	100.00	100.00	101.02	146.25	123.64
兔毛	96.05	99.06	98.24	109.41	100.69
羽绒	94.03	76.83	96.75	111.60	94.80
骆驼绒	103.33	103.67	100.00	106.38	104.46
牦牛毛	63.63	100.00	100.00	100.00	81.82
兔	110.72	112.22	94.06	95.10	103.02
狗	100.69	90.86	91.44	100.91	95.97
蛇	97.28	101.25	72.07	100.33	92.73
鸽子	109.23	112.75	112.53	104.36	109.72
狐狸	100.00	100.00	102.65	100.00	101.33
蚕茧	86.82	98.39	94.87	145.09	106.29
蜂蜜	128.72	104.29	93.59	100.90	106.87
动物皮张	99.99	99.35	100.61	105.93	101.47
四、渔业	96.88	98.99	99.37	106.12	100.34
海水水产品	96.32	99.29	99.37	109.53	101.13
鱼类	99.83	108.65	97.28	110.15	103.98
大黄鱼	72.42	105.63	85.18	112.79	94.01
小黄鱼	111.81	88.16	88.09	102.64	97.68
带鱼	90.11	112.20	98.53	110.15	102.75
沙丁鱼	100.00	100.00	100.98	107.49	104.23
石斑鱼	91.98	66.28	94.46	100.00	84.24
鳀鱼	100.24	105.86	117.59	106.62	107.58
梭鱼	100.00	99.98	100.00	89.29	96.42
鲳鱼	106.16	93.51	86.56	101.56	96.95
海鳗	94.77	103.71	89.33	95.49	95.82
鲅鱼	103.93	114.38	118.89	91.51	107.18
鲐鱼	100.37	149.69	102.13	102.12	113.58
马面鱼	94.88	75.81	102.12	87.50	90.08

2-4 续表10

农产品名称	一季度	二季度	三季度	四季度	全 年
马鲛	87.94	92.91	88.18	108.72	94.44
梅童鱼	95.59	151.72	100.00	104.85	117.38
梭参	101.46	100.01	100.82	103.55	101.46
蓝圆	101.38	113.09	102.74	111.29	107.13
鲆鲽	100.00	109.59	112.27	116.14	112.67
东方红鳍豚	101.00	104.05	101.07	94.35	100.12
海水虾蟹类	100.00	100.00	110.19	100.00	110.19
对虾	99.88	103.22	110.15	94.47	101.93
毛虾	93.42	125.25	111.81	109.89	110.09
爬虾	96.01	87.82	108.67	98.87	97.84
脊尾白虾	100.00	100.00	100.29	100.00	100.15
鹰爪虾	124.49	151.32	69.93	129.70	118.86
梭子蟹	106.54	91.65	135.34	105.16	109.68
锯缘青蟹	113.41	95.57	117.97	96.96	105.98
海水贝类	90.40	89.64	108.99	102.17	97.80
贻贝	100.00	100.67	84.43	113.79	99.63
扇贝	100.00	100.00	103.66	101.17	102.41
牡蛎	79.50	105.42	102.90	98.81	96.65
鲍鱼	113.31	102.76	101.55	126.87	111.12
蛤	90.49	89.59	112.81	100.52	98.35
蚶	160.05	116.82	100.00	137.23	138.03
海螺	85.95	107.56	112.90	117.14	105.89
蛏	90.77	86.00	106.94	109.44	98.29
藻类	100.00	101.04	100.00	106.93	102.66
海带	100.00	100.00	100.00	106.93	103.98
紫菜	100.00	100.00	100.00	106.38	103.19
墨鱼	114.97	70.64	106.16	107.22	99.75
鱿鱼	100.00	100.00	108.60	133.65	114.08
章鱼	114.51	115.52	107.60	103.01	110.16
海蜇	131.67	100.00	105.25	110.68	115.87
淡水产品	97.34	98.23	99.60	100.16	98.83
淡水鱼类	97.34	97.71	99.37	100.18	98.65

2－4　续表 11

农产品名称	一季度	二季度	三季度	四季度	全 年
青鱼	98.66	96.18	99.25	103.04	99.28
草鱼	95.15	97.55	95.42	101.20	97.33
鲤鱼	99.63	98.55	105.45	100.63	101.06
鲢鱼	96.63	94.56	96.62	101.30	97.28
鲫鱼	97.29	99.75	96.95	98.25	98.06
罗非鱼	99.46	87.43	99.19	100.20	96.57
白鱼	86.36	97.59	101.26	90.72	93.98
鳜鱼	110.41	100.00	100.00	107.73	109.07
白昌鱼	80.76	100.00	97.51	104.36	94.21
黑鱼	105.48	100.08	104.49	99.69	102.44
鲶鱼	97.94	101.82	91.30	101.01	98.02
武昌鱼	96.36	95.39	99.23	106.77	99.44
鳙鱼	100.36	102.04	106.26	103.43	103.02
鲮鱼	93.45	83.91	100.85	96.50	93.68
鳊	92.56	88.92	108.80	93.15	95.86
乌鳢	99.21	100.00	107.90	100.00	103.55
银鱼	90.91	80.00	93.25	100.00	88.05
淡水鲈	85.36	79.55	94.59	110.64	92.53
淡水虾蟹类	100.00	113.18	103.47	99.87	104.13
龙虾	111.80	113.18	103.47	99.87	107.08
罗氏沼虾	100.00	99.24	94.27	93.82	95.77
青虾	97.90	103.28	98.80	98.74	99.68
红螯螯虾	100.00	179.64	110.76	113.96	134.79
大闸蟹	88.50	81.44	86.43	91.20	86.89
南美白对虾	100.00	100.00	112.00	90.91	101.45
螺丝	97.33	105.51	97.62	114.07	103.63
河鳗	92.69	68.04	102.79	94.57	89.52
牛蛙	104.11	215.38	100.00	120.00	146.50
甲鱼	98.56	111.57	100.37	101.95	103.11
黄鳝	104.51	102.88	105.77	104.10	104.31
泥鳅	103.87	102.41	102.46	109.18	104.48
蛙	93.75	92.78	129.23	104.17	104.98

2-5 各地区农产品生产价格指数

（上年=100）

地　区	2002年	2003年
全　国	99.70	104.37
北　京	104.10	102.46
天　津	104.17	104.44
河　北	97.70	107.48
山　西	94.74	103.94
内蒙古	99.34	106.45
辽　宁	99.41	103.33
吉　林	98.60	136.86
黑龙江	102.39	110.23
上　海	100.00	102.15
江　苏	97.28	107.21
浙　江	101.22	101.88
安　徽	99.85	106.42
福　建	99.10	101.72
江　西	100.00	105.09
山　东	102.15	108.55
河　南	99.70	111.84
湖　北	100.90	106.94
湖　南	99.91	111.69
广　东	98.45	101.30
广　西	100.00	104.51
海　南	100.00	104.26
重　庆	101.10	103.80
四　川	101.82	103.54
贵　州	103.89	101.93
云　南	108.12	100.33
陕　西	101.12	105.48
甘　肃	97.81	103.36
青　海	101.16	105.75
宁　夏	93.40	104.40
新　疆	100.91	126.16

2－6　2003年各地区农产品生产价格指数

（上年＝100）

地　区	总指数	种植业产品	林业产品	畜产品	渔业产品
全　国	104.37	107.42	107.01	101.76	100.34
北　京	102.46	101.92	100.85	102.37	109.99
天　津	104.44	110.75	98.75	103.29	92.66
河　北	107.48	111.76	95.00	102.97	106.14
山　西	103.94	105.49	98.63	102.48	98.60
内蒙古	106.45	107.23	97.21	105.60	109.23
辽　宁	103.33	105.61	104.90	102.13	99.17
吉　林	136.86	148.11	100.00	124.51	90.52
黑龙江	110.23	116.36	100.00	100.41	119.36
上　海	102.15	113.75	100.00	99.70	92.95
江　苏	107.21	110.79	101.40	107.06	97.74
浙　江	101.88	97.66	116.57	117.64	95.75
安　徽	106.42	108.40	97.65	105.11	103.11
福　建	101.72	101.30	101.50	103.60	101.00
江　西	105.09	106.23	103.35	108.92	97.46
山　东	108.55	110.23	90.09	107.79	105.84
河　南	111.84	116.30	103.52	105.22	103.39
湖　北	106.94	109.71	141.73	105.93	93.49
湖　南	111.69	113.16	107.55	111.57	101.79
广　东	101.30	103.15	100.66	101.04	98.21
广　西	104.51	106.08	88.54	104.12	96.15
海　南	104.26	107.04	108.34	104.43	97.39
重　庆	103.80	105.54	100.00	103.18	100.86
四　川	103.54	105.14	111.85	101.17	102.30
贵　州	101.93	100.33	115.72	102.55	95.88
云　南	100.33	98.96	110.96	100.72	98.30
陕　西	105.48	109.00	87.35	100.89	115.76
甘　肃	103.36	105.76	86.28	99.58	98.94
青　海	105.75	110.05	100.00	102.10	100.00
宁　夏	104.40	108.80	100.00	101.00	103.20
新　疆	126.16	137.38	89.98	95.96	120.12

2－7　2003年各地区种植业产品生产价格指数

（上年＝100）

地　　区	种植业产品	种植业产品		
		谷物（原粮）	蔬菜与园艺作物	水果、饮料和香料作物
全　　国	107.42	102.34	110.44	101.52
北　　京	101.92	100.12	103.11	100.03
天　　津	110.75	106.40	112.50	93.45
河　　北	111.76	106.09	103.99	97.11
山　　西	105.49	104.49	101.44	103.83
内 蒙 古	107.23	105.07	118.11	102.61
辽　　宁	105.61	102.97	111.98	88.25
吉　　林	148.11	116.25	137.09	100.00
黑 龙 江	116.36	98.61	116.00	100.00
上　　海	113.75	106.25	115.05	109.24
江　　苏	110.79	115.33	108.23	97.63
浙　　江	97.66	90.02	92.38	89.99
安　　徽	108.40	105.11	118.44	100.00
福　　建	101.30	103.81	96.93	108.05
江　　西	106.23	103.42	111.56	97.81
山　　东	110.23	107.03	112.22	87.66
河　　南	116.30	107.32	101.89	106.36
湖　　北	109.71	107.63	109.83	80.45
湖　　南	113.16	107.84	113.88	113.50
广　　东	103.15	104.08	103.65	113.06
广　　西	106.08	98.39	116.91	113.74
海　　南	107.04	102.23	118.54	97.55
重　　庆	105.54	105.42	108.06	94.34
四　　川	105.14	105.93	99.91	119.22
贵　　州	100.33	102.14	101.66	93.05
云　　南	98.96	104.86	96.78	93.36
陕　　西	109.00	107.35	109.72	96.04
甘　　肃	105.76	99.16	101.25	101.43
青　　海	110.05	101.21	99.01	100.00
宁　　夏	108.80	101.10	100.00	100.00
新　　疆	137.38	93.44	144.00	100.00

2－7 续表1 （上年＝100）

地　　区	种植业产品		
	薯类	豆类	油料
全　　国	92.87	119.33	119.40
北　　京	101.32	102.37	92.87
天　　津	100.00	109.12	95.69
河　　北	99.85	120.28	127.33
山　　西	101.83	111.83	113.42
内 蒙 古	100.27	116.14	107.50
辽　　宁	102.32	127.86	137.4
吉　　林	138.18	133.09	296.92
黑 龙 江	114.95	133.69	100.00
上　　海		127.97	134.13
江　　苏	126.65	137.18	140.46
浙　　江	105.65	101.33	97.88
安　　徽	91.73	128.66	120.06
福　　建	100.48	101.65	101.50
江　　西	85.63	104.65	119.33
山　　东	91.16	125.30	131.42
河　　南	109.55	118.91	130.14
湖　　北	92.89	127.65	124.04
湖　　南	106.52	126.27	119.21
广　　东	94.36	101.18	104.10
广　　西	133.30	119.69	117.51
海　　南	100.39	118.09	104.54
重　　庆	78.05	113.11	117.26
四　　川	84.88	107.21	122.02
贵　　州	93.35	104.97	114.96
云　　南	108.19	100.77	117.48
陕　　西	88.24	113.91	125.57
甘　　肃	106.62	111.45	109.58
青　　海	117.22	103.72	123.58
宁　　夏	103.80	100.00	105.90
新　　疆	100.00	100.00	130.75

2 -7 续表2 (上年 = 100)

地区	种植业产品			
	棉花(籽棉)	麻类	糖料	烟叶
全国	135.33	111.11	90.50	97.21
北京	100.00	100.00	100.00	100.00
天津	128.75	100.00	100.00	100.00
河北	139.88	100.00	100.00	100.00
山西	140.02	100.00	103.75	100.00
内蒙古	100.00	100.00	106.99	100.00
辽宁	100.00	100.00	100.00	89.10
吉林	100.00	100.00	138.56	100.00
黑龙江	100.00	100.00	87.94	80.35
上海				
江苏	164.51	100.00	100.00	100.00
浙江	110.00	97.86	71.35	100.00
安徽	135.84	100.00	100.00	100.00
福建	100.00	98.70	98.48	97.15
江西	127.85	100.00	93.10	102.04
山东	141.35	100.00	100.00	160.41
河南	139.61	100.00	100.00	115.70
湖北	141.65	132.39	61.81	104.30
湖南	158.29	126.93	95.37	90.26
广东	100.00	103.17	82.49	86.03
广西	100.00	101.20	91.06	104.99
海南	100.00	100.00	93.11	100.00
重庆	100.00	100.00	100.00	109.38
四川	103.03	99.63	93.52	104.65
贵州	100.00	100.00	91.59	83.01
云南	100.00	104.85	94.27	97.26
陕西	156.71	100.00	80.63	134.84
甘肃	152.78	100.00	100.00	107.74
青海	100.00	100.00		100.00
宁夏	100.00	100.00	100.00	100.00
新疆	162.73	100.00		100.00

2－7 续表3 （上年＝100）

地　区	种植业产品			
	小麦	稻谷	玉米	杂粮
全　国	102.99	99.89	104.58	118.67
北　京	101.53	100.00	99.25	100.00
天　津	101.94	106.15	107.15	100.00
河　北	102.85	111.18	108.13	100.00
山　西	101.94	100.00	105.24	100.00
内蒙古	107.38	107.91	104.85	100.00
辽　宁	89.89	97.47	106.05	104.21
吉　林	100.00	119.74	115.37	104.80
黑龙江	106.60	94.43	105.01	100.00
上　海	131.82	100.75	143.37	100.00
江　苏	109.61	122.87	122.73	100.00
浙　江	92.56	89.64	105.33	100.00
安　徽	105.02	105.04	105.60	100.00
福　建	100.00	104.95	62.50	100.00
江　西	100.00	103.42	100.00	100.00
山　东	105.38	110.05	107.76	100.00
河　南	105.79	108.18	110.06	100.00
湖　北	103.10	108.65	112.49	100.00
湖　南	100.00	107.64	114.02	100.00
广　东	100.00	104.51	91.03	108.27
广　西	100.00	100.61	97.89	100.00
海　南	100.00	102.18	103.07	100.00
重　庆	102.34	106.02	102.33	109.52
四　川	106.29	106.02	106.68	94.87
贵　州	101.13	102.10	102.26	100.00
云　南	103.65	104.80	105.31	100.00
陕　西	102.56	107.23	112.66	105.07
甘　肃	97.28	118.42	103.41	97.95
青　海	98.41	100.00	100.00	103.71
宁　夏	100.00	100.00	100.00	100.00
新　疆	85.56	100.00	108.82	100.00

2－7　**续表4**　　（上年＝100）

地　　区	种植业产品			
	红薯	马铃薯	大豆	绿豆
全　　国	94.54	92.21	120.62	100.45
北　　京	101.32	101.35	102.61	100.00
天　　津	100.00	100.00	109.12	100.00
河　　北	91.26	103.93	120.73	104.10
山　　西	104.00	101.44	115.76	98.53
内 蒙 古	100.00	100.27	119.34	110.37
辽　　宁	104.16	101.39	129.15	106.81
吉　　林	100.00	138.18	133.75	123.61
黑 龙 江	100.00	91.28	133.69	100.00
上　　海	127.97	100.00		
江　　苏	100.00	100.00	144.97	110.29
浙　　江	111.02	97.98	106.00	100.00
安　　徽	100.00	100.00	133.81	100.00
福　　建	99.50	103.81	103.45	100.00
江　　西	77.39	160.85	104.65	110.02
山　　东	91.61		125.30	100.00
河　　南	109.55	100.43	118.91	120.22
湖　　北	100.00	94.61	128.62	108.78
湖　　南	104.72	111.33	126.76	105.12
广　　东	91.59	102.41	107.72	100.00
广　　西	109.02	136.03	120.36	105.54
海　　南	100.27	100.00	108.22	100.00
重　　庆	92.02	72.47	116.91	217.12
四　　川	91.05	67.64	108.91	100.87
贵　　州	100.07	92.41	104.97	99.91
云　　南	100.87	108.77	102.85	99.98
陕　　西	76.49	90.37	122.91	91.83
甘　　肃	100.00	106.62	112.53	100.00
青　　海	100.00	117.22	100.00	100.00
宁　　夏	100.00	103.80	100.00	100.00
新　　疆	100.00	104.38	135.58	100.00

2－7　续表5　（上年＝100）

地　区	种植业产品			
	红小豆	蚕豆	豌豆	芸豆
全　国	103.60	106.18	105.27	110.33
北　京	100.02	100.00	100.00	100.00
天　津	100.00	100.00	100.00	100.00
河　北	103.71	100.00	100.00	100.00
山　西	112.39	80.51	107.80	101.12
内蒙古	104.63	103.91	94.82	105.71
辽　宁	95.90	100.00	100.00	100.00
吉　林	199.16	100.00	100.00	100.00
黑龙江	138.56	100.00	100.00	103.60
上　海	100.00	100.00	100.00	100.00
江　苏	216.11	100.00	100.00	100.00
浙　江	100.00	100.00	100.00	100.00
安　徽	100.00	100.00	100.00	100.00
福　建	100.00	83.33	98.08	
江　西	100.00	106.57	116.49	102.79
山　东	100.00	100.00	101.42	144.38
河　南	137.50	107.98	119.39	100.00
湖　北	100.00	114.09	96.26	100.00
湖　南	100.00	100.00	100.00	100.00
广　东	60.00	100.00	99.30	100.00
广　西	100.00	100.00	99.77	100.00
海　南	100.42	100.00	100.00	100.00
重　庆	100.00	108.47	102.56	100.00
四　川	100.00	102.32	109.63	100.31
贵　州	100.00	100.00	111.29	106.61
云　南	102.00	91.78	91.45	99.40
陕　西	106.60	116.45	80.25	100.00
甘　肃	104.88	104.02	83.61	99.20
青　海	100.00	119.44	84.91	100.00
宁　夏	100.00	100.00	100.00	100.00
新　疆	100.00	100.00	100.00	100.00

2-7 续表6 （上年=100）

地区	种植业产品		
	花生	油菜籽	芝麻
全国	124.19	119.15	128.92
北京	92.87	100.00	99.20
天津	100.00	100.00	100.00
河北	127.37	106.45	105.49
山西	112.51	113.78	137.83
内蒙古	101.03	120.68	132.32
辽宁	138.25	107.11	103.40
吉林	100.00	100.00	296.92
黑龙江	75.33	100.00	100.00
上海	100.00	134.13	100.00
江苏	145.37	134.38	100.00
浙江	95.45	90.56	109.32
安徽	121.06	100.00	124.83
福建	101.51	100.00	100.00
江西	124.04	115.73	112.02
山东	131.42	100.00	144.99
河南	132.86	119.86	125.35
湖北	121.77	124.68	161.21
湖南	124.14	121.83	118.41
广东	104.09	92.73	107.72
广西	117.51	100.00	100.99
海南	104.60	100.00	101.90
重庆	112.37	118.70	186.33
四川	119.10	123.65	103.08
贵州	103.19	116.90	100.00
云南	105.77	119.36	100.00
陕西	135.26	123.99	175.16
甘肃	100.00	108.51	100.00
青海	100.00	123.58	100.00
宁夏	100.00		100.00
新疆	113.29	130.75	100.00

2－7　**续表7**　（上年＝100）

地　　区	种植业产品		
	黄红麻	亚麻	苎麻
全　　国	107.67	99.90	113.83
北　　京	0.00	0.00	
天　　津	0.00	0.00	
河　　北	0.00		0.00
山　　西			0.00
内 蒙 古		0.00	0.00
辽　　宁	0.00	0.00	0.00
吉　　林	0.00	0.00	0.00
黑 龙 江	100.00	103.27	100.00
上　　海			
江　　苏	100.00	100.00	100.00
浙　　江	100.00	100.00	97.86
安　　徽	100.00	100.00	100.00
福　　建	98.70	100.00	100.00
江　　西	100.00	100.00	111.33
山　　东	100.00	100.00	
河　　南	90.78	100.00	100.00
湖　　北	121.86	100.00	135.47
湖　　南	100.00	100.00	126.93
广　　东	100.00	103.17	100.00
广　　西	101.20	100.00	101.55
海　　南			
	95.24	100.00	100.00
重　　庆	100.00	100.00	137.30
四　　川	95.81	100.00	100.14
贵　　州	100.00		100.00
云　　南	100.00	104.85	100.00
陕　　西	0.00	0.00	
甘　　肃		0.00	
青　　海			0.00
宁　　夏	0.00		0.00
新　　疆	100.00	85.89	100.00

2-7 续表8 （上年=100）

地　　区	种植业产品			
	甘蔗	甜菜	烤烟叶	晒烟叶
全　　国	90.49	106.56	94.94	112.40
北　　京	0.00	0.00	0.00	0.00
天　　津	0.00	0.00	0.00	0.00
河　　北	100.00	102.50	100.00	100.00
山　　西	100.00	103.75	100.00	100.00
内 蒙 古	100.00	106.99	100.00	100.00
辽　　宁	100.00	98.63	89.10	95.67
吉　　林	100.00	138.56	112.06	100.00
黑 龙 江	100.00	87.94	80.35	143.23
上　　海				
江　　苏	100.00	100.00	100.00	100.00
浙　　江	71.35	100.00	100.00	100.00
安　　徽	100.00	100.00	100.00	100.00
福　　建	98.48	100.00	97.15	100.00
江　　西	76.74	100.00	102.04	100.00
山　　东	100.00	100.00	160.41	105.76
河　　南	100.00	100.00	115.70	100.00
湖　　北	61.81	100.00	100.00	102.74
湖　　南	95.37	100.00	90.26	96.35
广　　东	82.49	100.00	86.03	100.00
广　　西	91.06	100.00	104.99	100.00
海　　南	93.11	100.00	100.00	100.00
重　　庆	110.00	100.00	104.86	115.26
四　　川	93.52	100.00	105.55	104.22
贵　　州	91.59	100.00	82.64	104.01
云　　南	94.27	100.00	97.23	100.75
陕　　西	98.69	80.63	134.84	100.00
甘　　肃	100.00	100.00	107.81	109.09
青　　海	100.00	100.00	100.00	100.00
宁　　夏	100.00	100.00	100.00	100.00
新　　疆	100.00	108.10	100.00	100.00

2－7　续表9　（上年＝100）

地　　区	蔬菜	蔬菜			
		叶菜类	瓜菜类	块根、块茎菜类	茄果菜类
全　　国	110.44	113.21	110.71	111.62	108.55
北　　京	99.92	105.14	103.79	102.48	83.65
天　　津	113.34	141.14	81.04	107.16	98.34
河　　北	103.99	108.41	91.06	125.99	102.82
山　　西	101.44	95.83	100.97	115.71	103.36
内 蒙 古	118.11	132.96	111.97	125.81	101.81
辽　　宁	111.98	108.10	117.99	115.16	112.27
吉　　林	137.09	140.63	124.08	133.88	138.83
黑 龙 江	116.00	127.74	120.57	107.34	112.67
上　　海	114.29	131.29	83.72	138.90	85.67
江　　苏	108.18	109.77	103.07	124.87	110.10
浙　　江	109.52	119.99	78.95	66.66	102.31
安　　徽	114.38	120.91	100.00	123.42	110.61
福　　建	96.72	100.61	102.99	108.00	102.74
江　　西	111.56	106.87	115.00	96.10	103.40
山　　东	110.67	126.30	117.75	99.42	103.29
河　　南	101.89	124.46	118.67	173.02	96.23
湖　　北	109.79	107.23	104.29	126.61	94.29
湖　　南	114.53	122.11	112.11	105.42	115.90
广　　东	105.97	110.70	99.15	104.39	111.54
广　　西	116.91	100.37	150.27	119.43	107.89
海　　南	120.02	103.44	120.64	98.45	134.32
重　　庆	104.31	107.82	103.23	104.73	99.40
四　　川	101.23	102.91	94.91	103.99	96.70
贵　　州	101.66	99.25	102.56	109.18	99.33
云　　南	97.76	95.71	90.61	100.60	100.67
陕　　西	109.72	120.27	111.10	119.43	105.41
甘　　肃	101.77	104.60	109.52	102.34	105.72
青　　海	99.01	91.08	113.59	105.60	119.02
宁　　夏	122.60	97.80	119.00	101.40	144.50
新　　疆	144.00	144.95	233.00	93.67	105.42

2-7 续表10 (上年=100)

地区	蔬菜			
	葱蒜类	菜用豆类	水生菜类	食用菌(干鲜混合)
全国	105.98	109.98	112.41	99.22
北京	100.55	99.35	100.00	111.04
天津	97.47	112.78	100.00	99.36
河北	115.52	88.88	100.00	106.81
山西	100.59	98.85	100.00	95.92
内蒙古	101.82	100.00	100.00	100.00
辽宁	122.47	94.83	100.00	101.76
吉林	135.53	100.00	100.00	100.00
黑龙江	135.01	100.00	100.00	71.11
上海	128.63	79.13	105.37	100.00
江苏	97.32	99.97	122.83	100.00
浙江	112.21	100.55	99.88	100.00
安徽	109.92	100.00	100.00	100.00
福建	104.84	103.88	100.21	86.06
江西	100.00	113.54	130.75	96.33
山东	109.90	99.81	153.73	138.18
河南	81.65	100.00	132.52	66.39
湖北	110.91	102.75	135.61	98.77
湖南	117.70	111.09	143.19	108.86
广东	104.55	105.60	105.72	103.05
广西	173.91	147.85	101.68	97.79
海南	113.97	115.16	100.00	100.00
重庆	105.85	96.51	110.40	100.00
四川	102.90	97.93	102.63	111.22
贵州	98.15	108.60	97.53	100.01
云南	100.52	95.62	109.07	95.80
陕西	91.40	117.97	90.37	122.24
甘肃	102.57	100.00	100.00	98.69
青海	104.58	100.00	100.00	100.00
宁夏	100.00	85.90	100.00	100.00
新疆	100.00	155.99	100.00	100.00

2-7 续表11 （上年=100）

地区	蔬菜			
	菠菜	芹菜	大白菜	元白菜
全　　国	113.94	127.10	115.76	99.55
北　　京	115.00	109.99	105.10	103.37
天　　津	100.00	139.74	144.07	98.63
河　　北	134.37	97.19	126.28	75.54
山　　西	79.38	91.91	127.15	105.45
内 蒙 古	116.13	211.93	112.61	111.22
辽　　宁	103.45	115.34	108.76	100.00
吉　　林	74.04	175.42	142.68	98.19
黑 龙 江	120.87	106.82	125.68	199.33
上　　海			137.55	123.67
江　　苏	112.25	132.10	108.50	104.54
浙　　江	97.42	65.66	108.57	121.33
安　　徽	100.00	122.59	100.00	100.00
福　　建	101.28	104.86	104.18	96.12
江　　西	136.23	150.20	115.50	107.45
山　　东	111.24	152.77	118.58	107.72
河　　南	120.84	112.72	129.23	125.18
湖　　北	111.55	142.99	106.38	106.13
湖　　南	134.88	134.09	121.47	127.19
广　　东	104.66	109.83	115.01	100.19
广　　西	99.91	68.86	99.42	109.71
海　　南	100.00	139.87	111.30	100.00
重　　庆	111.11	100.00	117.83	103.40
四　　川	97.18	101.22	96.35	102.48
贵　　州	91.68	96.90	99.84	96.09
云　　南	102.71	96.44	96.88	88.93
陕　　西	131.89	97.10	118.93	114.08
甘　　肃	129.17	99.47	86.96	112.62
青　　海	60.02	100.00	83.82	91.29
宁　　夏	100.00	100.00	123.00	96.90
新　　疆	154.54	80.66	156.08	85.71

2－7　**续表 12**　（上年＝100）

地　区	蔬菜			
	甘蓝	花椰菜	莴笋	油菜
全　国	97.81	112.08	102.77	109.50
北　京	90.01	101.23	104.60	101.26
天　津	100.00	131.87	100.00	100.00
河　北	100.00	123.41	101.42	95.54
山　西	31.11	100.00	50.86	116.14
内蒙古	100.00	100.00	100.00	109.09
辽　宁	108.43	100.00	100.00	110.66
吉　林	100.00	100.00	100.00	
黑龙江	100.00	100.00	100.00	102.56
上　海	100.00	128.43	97.88	137.84
江　苏	100.00	107.52	125.23	100.00
浙　江	100.00	101.36	110.21	135.68
安　徽	100.00	100.00	100.00	100.00
福　建	99.24	103.33	94.25	105.19
江　西	93.03	139.69	104.67	182.07
山　东	101.13	183.85	140.20	171.08
河　南	100.00	117.78	100.00	100.00
湖　北	100.00	113.80	111.28	100.00
湖　南	106.21	106.48	131.25	117.25
广　东	103.19	119.17	101.39	109.92
广　西	100.00	120.29	112.48	105.45
海　南	103.03	126.57	100.00	100.00
重　庆	100.00	106.36	103.37	100.00
四　川	112.75	118.09	103.67	115.11
贵　州	99.61	115.07	99.72	121.82
云　南	100.00	88.71	94.27	104.24
陕　西	136.08	100.00	113.59	147.12
甘　肃	119.35	96.50	116.12	104.88
青　海	117.51	100.00	100.00	99.52
宁　夏	100.00		100.00	100.00
新　疆	100.00	170.45	100.00	100.00

2－7　续表 13　　（上年＝100）

地　　区	蔬菜			
	黄瓜	冬瓜	西葫芦	苦瓜
全　　国	113.37	122.81	107.46	110.73
北　　京	104.86	101.40	107.32	100.00
天　　津	81.04	100.00	100.00	100.00
河　　北	91.07	107.14	91.62	100.00
山　　西	105.99	100.00	93.35	100.00
内 蒙 古	111.97	98.79	125.00	100.00
辽　　宁	117.99	100.00	100.00	100.00
吉　　林	124.08	100.00	100.00	100.00
黑 龙 江	121.30	100.00	115.58	100.00
上　　海	77.49	91.44	100.00	100.00
江　　苏	95.26	103.67	100.00	100.00
浙　　江	112.35	71.25	100.00	87.21
安　　徽				
福　　建	104.91	106.77	96.91	108.52
江　　西	85.95	166.15	95.80	116.60
山　　东	115.76	119.66	107.55	91.83
河　　南	118.67	101.98	104.31	100.00
湖　　北	102.24	111.88	100.00	96.13
湖　　南	111.10	109.47	132.18	125.51
广　　东	109.15	89.77	88.67	101.85
广　　西	133.73	112.27	202.38	94.38
海　　南	106.83	124.54	97.70	138.18
重　　庆	104.45	98.57	100.00	111.07
四　　川	90.56	98.00	100.00	101.46
贵　　州	99.53	91.67	73.82	100.00
云　　南	91.69	88.35	100.00	88.56
陕　　西	111.28	100.00	75.92	123.45
甘　　肃	109.16	100.00	116.42	100.00
青　　海	137.88	100.00	100.00	100.00
宁　　夏	119.00	100.00	100.00	100.00
新　　疆	233.00	99.07	100.00	100.00

2－7 续表14 （上年＝100）

地　　区	蔬菜			
	萝卜	胡萝卜	生姜	芋头
全　　国	110.46	115.09	95.91	111.54
北　　京	104.20	100.02	100.00	100.00
天　　津	107.16	100.00	100.00	100.00
河　　北	119.96	147.95	100.00	100.00
山　　西	108.02	122.47	100.00	100.00
内 蒙 古	78.45	135.20	100.00	100.00
辽　　宁	128.56	100.00	100.00	100.00
吉　　林	128.69	144.27	100.00	100.00
黑 龙 江	107.20	105.83	100.00	100.00
上　　海	126.80	100.00	100.00	100.00
江　　苏	107.83	167.92	100.00	100.00
浙　　江	51.25	100.00	100.00	100.00
安　　徽	100.00	100.00	111.40	100.00
福　　建	107.71	100.00	108.77	109.75
江　　西	101.66	99.43	75.73	101.11
山　　东	104.86	106.76	96.33	109.81
河　　南	173.02	209.34	100.00	100.00
湖　　北	126.34	93.20	100.00	100.00
湖　　南	106.63	95.96	130.91	96.18
广　　东	106.36	91.65	105.64	95.09
广　　西	111.18	80.13	103.27	93.77
海　　南	98.50	100.00	89.04	125.00
重　　庆	102.61	106.82	115.91	103.34
四　　川	108.17	100.41	99.42	95.30
贵　　州	104.46	100.61	121.40	80.25
云　　南	93.73	85.28	106.29	101.12
陕　　西	139.38	108.99	100.00	104.49
甘　　肃	89.77	107.65	100.00	100.00
青　　海	105.60	100.20	100.00	100.00
宁　　夏	101.40	100.00	100.00	100.00
新　　疆	86.60	96.84	100.00	100.00

2－7 续表 15 （上年＝100）

地区	蔬菜			
	茄子	西红柿	辣椒	青椒
全国	117.82	103.82	111.06	109.38
北京	65.89	87.16	97.93	93.18
天津	86.50	91.34	110.46	100.00
河北	111.34	102.37	98.86	103.28
山西	108.59	95.40	115.64	118.41
内蒙古	88.31	90.76	143.94	85.05
辽宁	118.88	107.45	101.04	109.98
吉林	162.50	181.19	95.88	130.91
黑龙江	113.47	90.89	107.37	103.33
上海	78.78	84.26	100.00	114.47
江苏	114.60	104.49	109.42	106.47
浙江	71.35	89.79	91.25	139.89
安徽	100.00	100.00	110.61	100.00
福建	101.36	104.80	101.91	101.98
江西	107.17	101.11	103.21	104.40
山东	104.55	99.27	107.13	115.14
河南	95.55	86.80	117.93	91.91
湖北	103.06	87.89	91.54	100.00
湖南	120.04	106.00	115.00	95.64
广东	114.92	111.69	128.50	95.97
广西	122.26	102.21	119.00	106.05
海南	115.17	108.58	141.87	127.64
重庆	118.58	91.94	109.39	103.44
四川	97.04	100.25	90.61	104.25
贵州	94.52	91.37	100.70	103.13
云南	108.28	87.09	101.62	105.66
陕西	124.72	113.50	102.46	143.19
甘肃	86.53	118.48	122.71	71.26
青海	121.01	100.00	118.44	251.69
宁夏	145.20	145.10	110.90	100.00
新疆	126.75	104.64	101.71	98.98

2－7 **续表 16** （上年＝100）

地区	蔬菜			
	大葱	蒜苔	蒜头	洋葱
全国	110.21	115.60	94.67	99.13
北京	100.55	100.00	100.00	100.00
天津	101.75	100.00	101.13	100.00
河北	115.63	84.39	91.84	100.00
山西	105.84	109.10	88.32	100.00
内蒙古	100.86	105.57	100.37	108.09
辽宁	128.70	100.00	100.00	100.00
吉林	102.60	100.00	184.92	100.00
黑龙江	124.70	108.07	104.35	105.67
上海	100.00	100.00	128.63	100.00
江苏	106.37	107.21	92.73	100.00
浙江	182.35	100.00	105.28	100.00
安徽	97.37	100.00	100.00	100.00
福建	66.19	100.00	106.32	94.91
江西	145.88	183.92	110.53	130.26
山东	135.80	129.55	98.97	119.73
河南	116.88	117.52	61.61	96.45
湖北	124.56	116.01	94.28	100.00
湖南	118.92	105.68	106.70	81.27
广东	119.38	100.00	104.31	100.00
广西	101.71	100.00	173.91	100.00
海南	103.83	100.00	100.00	100.00
重庆	109.88	100.00	100.08	100.00
四川	105.60	100.00	80.16	102.27
贵州	86.05	119.67	108.33	100.00
云南	96.58	97.51	101.61	100.00
陕西	91.60	145.81	73.66	100.00
甘肃	94.08	180.58	100.00	100.00
青海	100.00	88.69	95.00	100.00
宁夏	100.00	100.00	100.00	
新疆	110.01		100.00	100.00

2－7　**续表 17**　　（上年＝100）

地　　区	食用菌	食用菌		
		香菇（干品）	蘑菇（鲜品）	黑木耳（干品）
全　　国	99.22	96.93	98.10	112.90
北　　京	111.04	100.00	111.04	100.00
天　　津	99.36	100.00	99.36	100.00
河　　北	106.81	100.00	106.81	100.00
山　　西	95.92	86.60	98.96	100.00
内 蒙 古	100.00	100.00	92.31	100.00
辽　　宁	101.76	100.00	101.76	100.00
吉　　林	74.85	100.00	74.85	100.00
黑 龙 江	71.11	100.00	100.00	71.11
上　　海	100.00	100.00	100.00	
江　　苏	100.00	100.00	124.87	100.00
浙　　江	100.00		100.00	100.00
安　　徽	100.00	100.00	100.00	100.00
福　　建	86.06	104.72	97.44	100.00
江　　西	96.33	57.80	107.77	100.00
山　　东	138.18	100.00	138.18	100.00
河　　南	66.39	66.39	120.54	100.00
湖　　北	98.77	73.79	100.41	105.79
湖　　南	108.86	100.00	131.38	100.00
广　　东	103.05	105.48	100.00	100.00
广　　西	97.79	103.05	115.77	97.79
海　　南	100.00	100.00	100.00	100.00
重　　庆	100.00	100.00	100.00	
四　　川	111.22	100.00	111.39	100.23
贵　　州	100.01	100.00	100.05	100.00
云　　南	95.80	100.00	95.80	100.00
陕　　西	122.24	117.00	100.00	123.17
甘　　肃	98.69	100.00	91.20	100.00
青　　海	100.00	100.00	100.00	
宁　　夏	100.00		100.00	100.00
新　　疆	100.00	100.00		100.00

2－7　续表 18　　　　（上年＝100）

地　区	花卉	花卉		
		康乃馨	满天星	玫瑰
全　国	96.41	175.57	177.99	98.31
北　京	100.00	100.00	100.00	100.00
天　津	128.33	100.00	100.00	100.00
河　北	100.00	100.00	100.00	100.00
山　西	100.00	100.00	100.00	100.00
内蒙古	100.00	100.00	100.00	100.00
辽　宁	100.00	100.00	100.00	100.00
吉　林	100.00	100.00	100.00	100.00
黑龙江	100.00	100.00	100.00	100.00
上　海	100.00	100.00	100.00	100.00
江　苏	100.00	99.99	100.00	99.99
浙　江	100.00	100.00	100.00	100.00
安　徽	100.00	100.00	100.00	100.00
福　建	100.00	100.00	100.00	100.00
江　西	100.00	100.00	100.00	100.00
山　东	100.00	100.00	100.00	100.00
河　南	100.00	100.00	100.00	100.00
湖　北	100.00	100.00	100.00	100.00
湖　南	100.00	100.00	100.00	100.00
广　东	102.47	100.00	100.00	100.00
广　西	100.00	100.00		100.00
海　南	96.92	100.00	100.00	100.00
重　庆	194.81	194.81	100.00	100.00
四　川	100.00		100.00	100.00
贵　州	100.00	100.00	100.00	
云　南	95.45	124.90	107.27	52.84
陕　西	100.00	100.00	100.00	
甘　肃	98.47	100.00	100.00	74.54
青　海	100.00	100.00	100.00	100.00
宁　夏	100.00	100.00		100.00
新　疆	100.00		100.00	100.00

2－7　续表 19

（上年＝100）

地　区	水果	水果		
		苹果	梨	柑桔类
全　国	102.04	103.51	102.91	100.50
北　京	100.03	108.98	95.99	100.00
天　津	93.45	94.22	97.01	100.00
河　北	97.11	107.55	109.44	100.00
山　西	103.83	104.42	106.88	100.00
内蒙古	102.61	100.00	110.64	100.00
辽　宁	88.25	82.52	102.77	100.00
吉　林	100.00	100.00	100.00	100.00
黑龙江	100.00	100.00	100.00	100.00
上　海	109.24	100.00	100.00	107.84
江　苏	93.85	100.00	100.00	100.00
浙　江	79.77	100.00	100.00	88.79
安　徽				
福　建	109.28	100.00	61.56	103.75
江　西	96.48	100.00	100.00	105.67
山　东	87.66	93.62	106.20	100.00
河　南	106.36	105.21	105.00	100.00
湖　北	92.98	100.00	100.00	102.08
湖　南	109.86	100.00	100.00	109.69
广　东	113.98	100.00	100.00	99.23
广　西	120.87	100.00	100.00	100.79
海　南	97.55	100.00	100.00	100.00
重　庆	94.34	100.00	94.61	94.29
四　川	119.22	123.24	169.17	109.43
贵　州	91.71	100.00	81.47	95.81
云　南	94.84	92.40	78.79	96.43
陕　西	96.04	98.61	107.42	86.10
甘　肃	101.43	101.10	101.68	100.00
青　海	100.00	100.00		100.00
宁　夏	107.60	55.40	100.00	100.00
新　疆	100.00		100.00	100.00

2－7　续表20　　（上年＝100）

地　区	水果			
	红富士苹果	国光苹果	秦冠苹果	香蕉苹果
全　国	103.84	91.60	107.81	110.85
北　京	114.43	95.52	100.00	100.00
天　津	94.22	101.11	100.00	
河　北	106.33	110.38	100.00	100.00
山　西	103.26	106.67	106.93	106.67
内蒙古	100.00	100.00	100.00	
辽　宁	94.22	79.47	90.91	100.00
吉　林	100.00	100.00	100.00	100.00
黑龙江	100.00	100.00		100.00
上　海	100.00	100.00	100.00	
江　苏	100.00	100.00	100.00	100.00
浙　江	100.00		100.00	100.00
安　徽	100.00	100.00	100.00	
福　建	100.00	100.00	100.00	100.00
江　西	100.00	100.00	100.00	
山　东	93.62	100.00	100.00	119.64
河　南	105.21	100.00	153.04	128.58
湖　北	100.00	100.00		100.00
湖　南	100.00	100.00	100.00	
广　东		100.00	100.00	100.00
广　西	100.00	100.00		100.00
海　南	100.00	100.00	100.00	
重　庆	100.00	100.00	100.00	100.00
四　川	131.58	100.00	100.00	100.00
贵　州	100.00	100.00	100.00	100.00
云　南	92.40	100.00	100.00	100.00
陕　西	97.08	100.00	125.07	100.00
甘　肃	104.10	100.00	153.21	97.05
青　海	100.00	100.00		100.00
宁　夏	100.00	100.00	100.00	100.00
新　疆	93.65		100.00	100.00

2－7　**续表21**　（上年＝100）

地　区	水果		
	雪花梨	鸭梨	酥梨
全　国	109.54	103.56	106.64
北　京	100.00	89.46	114.24
天　津	100.00	95.00	100.00
河　北	107.46	111.77	100.00
山　西	100.00	100.00	106.88
内蒙古	100.00	100.00	100.18
辽　宁	100.00	100.00	111.80
吉　林	100.00	100.00	
黑龙江	100.00	100.00	100.00
上　海	100.00	100.00	
江　苏	100.00	100.00	100.00
浙　江	100.00		100.00
安　徽	100.00	100.00	100.00
福　建	103.77	99.96	100.00
江　西	100.00	100.00	
山　东	100.00	106.20	100.00
河　南	100.00	105.00	73.87
湖　北	100.00	100.00	100.00
湖　南	88.01	108.43	105.56
广　东	100.00	100.00	100.00
广　西	100.00	100.00	100.00
海　南	100.00	100.00	100.00
重　庆	94.61	100.00	100.00
四　川	101.51	118.06	100.00
贵　州	100.02	81.47	100.00
云　南	71.89	89.45	100.00
陕　西	95.05	100.00	107.67
甘　肃	100.00	101.70	
青　海	100.00	100.00	
宁　夏	100.00	100.00	100.00
新　疆	100.00		100.00

2－7　续表22　　（上年＝100）

地区	水果			
	柑	桔	橙	柚
全国	99.24	106.19	109.41	93.89
北京	0.00		0.00	0.00
天津	0.00		0.00	0.00
河北		0.00	0.00	
山西		0.00	0.00	
内蒙古	0.00	0.00	0.00	0.00
辽宁	0.00	0.00	0.00	0.00
吉林	0.00		0.00	0.00
黑龙江	0.00		0.00	0.00
上海	100.00	107.84	100.00	100.00
江苏	100.00	100.00	100.00	100.00
浙江	87.25	89.01	100.00	100.00
安徽	100.00	100.00	100.00	100.00
福建	100.26	105.32	91.29	113.78
江西	124.68	104.69	95.27	100.00
山东	100.00	100.00		100.00
河南	100.00	100.00	100.00	100.00
湖北	106.59	96.30	100.00	100.00
湖南	113.25	108.17	120.28	107.18
广东	115.31	88.98	83.27	113.23
广西	100.93	123.76	92.21	82.72
海南	100.00	100.00	80.00	100.00
重庆	88.87	98.89	101.35	89.32
四川	106.15	107.94	116.26	103.99
贵州	110.18	92.29	100.00	102.89
云南	89.33	99.63	100.00	100.00
陕西		86.10	100.00	100.00
甘肃	100.00	100.00	100.00	
青海		100.00	100.00	100.00
宁夏	100.00	100.00	100.00	
新疆	100.00		100.00	100.00

2－7　续表23　　（上年＝100）

地　区	水果			
	西瓜	甜瓜	香瓜	草莓
全　国	88.54	91.83	108.59	110.38
北　京	99.60	100.00	100.00	100.00
天　津	83.65	100.00	100.00	100.00
河　北	82.26	84.75	100.00	100.23
山　西	101.68	126.18	72.62	100.00
内蒙古	101.22	107.94	103.72	100.00
辽　宁	76.10	89.57	100.00	93.76
吉　林	163.40	161.42	100.58	100.00
黑龙江	129.81	100.00		100.00
上　海	109.50	100.00	100.00	96.78
江　苏	88.91	94.57	100.00	100.00
浙　江	115.32	100.00	100.00	100.00
安　徽	100.00	100.00	100.00	
福　建	103.35	73.33	100.00	100.00
江　西	87.29	114.85	100.00	100.00
山　东	81.66	93.85	100.00	98.66
河　南	109.38	105.30	100.00	138.82
湖　北	79.05	100.00	100.00	100.00
湖　南	118.44	100.00	126.40	100.00
广　东	103.23	100.00	105.06	100.00
广　西	103.04	93.87	88.09	100.00
海　南	98.02	87.51	100.00	100.00
重　庆	100.00	100.00	100.00	100.00
四　川	128.86	100.00	106.17	176.73
贵　州	81.12	100.00	100.00	111.91
云　南	128.81	100.00	100.00	100.00
陕　西	112.27	111.77	100.00	102.18
甘　肃	97.43	103.84	100.00	100.00
青　海	100.00	100.00	100.00	100.00
宁　夏	125.60	100.00	100.00	100.00
新　疆	127.87	88.18	100.00	100.00

2－7 续表24 （上年＝100）

地区	水果			
	桃	杏	杨梅	猕猴桃
全国	89.42	98.72	81.29	87.77
北京	90.01	103.30	100.00	100.00
天津	100.00	100.00	100.00	100.00
河北	90.65	99.80	100.00	100.00
山西	85.32	97.09	100.00	100.00
内蒙古	100.00	100.00	100.00	100.00
辽宁	137.73	100.00	100.00	100.00
吉林	100.00	100.00	100.00	100.00
黑龙江	100.00	100.00	100.00	100.00
上海	70.15	100.00	100.00	100.00
江苏	94.13	100.00	100.00	100.00
浙江	71.25	100.00	100.00	100.00
安徽	100.00	100.00	100.00	100.00
福建	98.48	119.70	95.33	100.00
江西	73.12	100.00	101.03	100.00
山东	81.84	86.67	100.00	100.00
河南	97.10	100.00	98.08	100.00
湖北	99.30	100.00	100.00	100.00
湖南	98.04	106.72	118.23	100.00
广东	105.42	100.00	75.78	100.00
广西	95.49	100.00	37.18	100.00
海南	100.00	100.00	100.00	100.00
重庆	100.00	109.55	100.00	100.00
四川	105.91	100.00	100.00	102.50
贵州	119.95	99.85	100.00	100.00
云南	104.03	100.00	99.52	100.00
陕西	99.18	100.74	100.00	72.14
甘肃	84.15	104.29	100.00	100.00
青海	112.62	105.35	100.00	100.00
宁夏	100.00	100.00		100.00
新疆	100.00	93.41	100.00	100.00

2－7 续表25 （上年＝100）

地区	水果		
	葡萄	红枣	柿子
全国	99.14	91.62	97.86
北京	128.06	53.39	101.87
天津	96.95	93.39	100.00
河北	92.86	90.27	108.87
山西	98.33	106.82	95.58
内蒙古	120.00	100.00	100.00
辽宁	92.48	90.61	100.00
吉林	93.81	100.00	100.00
黑龙江	100.00	100.00	100.00
上海	129.46	100.00	100.00
江苏	98.11	100.00	100.00
浙江	100.00	100.00	100.00
安徽	100.00	100.00	100.00
福建	91.58	100.00	132.32
江西	100.00	100.00	100.00
山东	84.98	79.77	110.35
河南	109.70	100.00	92.75
湖北	100.00	100.00	100.00
湖南	97.50	103.88	105.20
广东	100.00	100.00	88.62
广西	93.25	100.00	93.38
海南	100.00	100.00	100.00
重庆	53.23	100.00	100.00
四川	108.14	104.35	83.27
贵州	92.57	100.00	100.00
云南	73.79	78.74	105.85
陕西	66.29	84.61	98.95
甘肃	100.96	167.35	100.00
青海	100.00	100.00	100.00
宁夏	100.00	100.00	100.00
新疆	104.20	170.42	100.00

2－7　续表 26　　　　（上年＝100）

地　区	热带亚热带水果	热带亚热带水果			
		香蕉	菠萝	荔枝	龙眼
全　国	114.98	111.31	87.93	125.03	115.09
北　京	0.00	0.00	0.00	0.00	0.00
天　津	0.00	0.00	0.00	0.00	0.00
河　北	0.00	0.00	0.00	0.00	0.00
山　西	0.00	0.00	0.00	0.00	0.00
内蒙古	0.00	0.00	0.00	0.00	0.00
辽　宁	0.00	0.00	0.00	0.00	0.00
吉　林	0.00	0.00	0.00	0.00	0.00
黑龙江	0.00	0.00	0.00	0.00	0.00
上　海	0.00	0.00	0.00	0.00	0.00
江　苏	0.00	0.00	0.00	0.00	0.00
浙　江	0.00	0.00	0.00	0.00	0.00
安　徽	0.00	0.00	0.00	0.00	0.00
福　建	135.49	154.20	73.97	156.28	103.25
江　西	0.00	0.00	0.00	0.00	0.00
山　东	0.00	0.00	0.00	0.00	0.00
河　南	0.00	0.00	0.00	0.00	0.00
湖　北	0.00	0.00	0.00	0.00	0.00
湖　南	0.00	0.00	0.00	0.00	0.00
广　东	136.83	112.73	100.00	154.98	108.49
广　西	128.48	107.93	100.00	168.84	160.93
海　南	98.72	104.42	89.45	90.11	116.76
重　庆	100.00	100.00	100.00	100.00	100.00
四　川	96.58	102.56	100.00	96.54	93.80
贵　州	100.10	100.00	100.00	100.10	100.00
云　南	100.90	101.74	100.00	82.38	63.94
陕　西		0.00	0.00	0.00	0.00
甘　肃	0.00		0.00		0.00
青　海		0.00			
宁　夏		0.00	0.00	0.00	
新　疆	0.00	0.00			0.00

2-7 续表 27

（上年=100）

地区	茶叶		
	红毛茶	绿毛茶	乌龙茶
全国	83.22	100.56	94.56
北京		0.00	0.00
天津		0.00	0.00
河北	0.00		0.00
山西	0.00		0.00
内蒙古	0.00	0.00	
辽宁		0.00	0.00
吉林			
黑龙江	0.00		0.00
上海	100.00	100.00	100.00
江苏	101.36	109.61	100.00
浙江	100.00	188.58	100.00
安徽	100.00	114.55	100.00
福建	103.91	100.51	106.39
江西	80.00	93.69	100.00
山东	100.00	100.00	100.00
河南	100.00	79.06	100.00
湖北	100.00	71.80	100.00
湖南	100.00	86.11	100.00
广东	100.00	100.75	88.35
广西	100.00	100.79	100.00
海南	100.00	100.00	100.00
重庆	100.00	100.00	100.00
四川	100.00	90.53	100.00
贵州	100.00	99.84	100.00
云南	84.00	98.54	100.00
陕西	100.00	121.48	100.00
甘肃		0.00	0.00
青海		0.00	0.00
宁夏	0.00		0.00
新疆	0.00		0.00

2－8　2003 年各地区林产品生产价格指数

（上年＝100）

地　　区	林业产品	林产品			
		橡胶	紫胶	油桐籽	油茶籽
全　　国	107.01	121.49	96.34	180.53	113.54
北　　京	100.85			100.00	100.00
天　　津	98.75		100.00	100.00	100.00
河　　北	95.00		100.00	100.00	100.00
山　　西	98.63		100.00	100.00	100.00
内 蒙 古	97.21		100.00	100.00	100.00
辽　　宁	104.90		100.00	100.00	100.00
吉　　林	100.00			100.00	100.00
黑 龙 江	100.00			100.00	100.00
上　　海	100.00		100.00	100.00	100.00
江　　苏	101.40	100.00	100.00	100.00	100.00
浙　　江	116.57	100.00	100.00	100.00	100.00
安　　徽	97.65	100.00	100.00	100.00	100.00
福　　建	101.50	100.00	100.00	100.00	100.00
江　　西	103.35	100.00	100.00	108.56	106.60
山　　东	90.09	100.00	100.00	100.00	100.00
河　　南	103.52	100.00	100.00	100.00	100.00
湖　　北	141.73	100.00	100.00	100.00	100.00
湖　　南	107.55	100.00	100.00	125.94	105.23
广　　东	100.66	100.00	100.00	100.00	100.00
广　　西	88.54	100.00	100.00	163.71	124.10
海　　南	108.34	118.85	100.00	100.00	100.00
重　　庆	100.00	100.00	100.00	100.00	100.00
四　　川	111.85	100.00	100.00	100.00	100.00
贵　　州	115.72	100.00	100.00	184.65	100.00
云　　南	110.96	125.64	96.34	112.69	100.00
陕　　西	87.35		100.00	163.60	100.00
甘　　肃	86.28			100.00	100.00
青　　海	100.00			100.00	100.00
宁　　夏	100.00			100.00	100.00
新　　疆	89.98			100.00	100.00

2－8　续表1　　（上年＝100）

地　区	林产品				
	棕片	松脂	核桃	板栗	腰果
全　国	94.10	102.85	96.39	96.85	101.64
北　京	100.00	100.00	114.28	96.80	100.00
天　津	100.00	100.00	100.79	89.13	100.00
河　北	100.00	100.00	99.13	91.50	100.00
山　西	100.00	100.00	105.10	81.23	93.83
内蒙古	100.00	100.00	100.00	100.00	100.00
辽　宁	100.00	100.00	106.67	105.56	100.00
吉　林	100.00	100.00	100.00	100.00	100.00
黑龙江	100.00	100.00	100.00	100.00	100.00
上　海	100.00	100.00	100.00	100.00	100.00
江　苏	100.00	100.00	0.00	94.63	100.00
浙　江	100.00	100.00	100.00	100.00	100.00
安　徽	100.00	100.00	100.00	100.00	100.00
福　建	100.60	99.66	100.00	106.59	100.00
江　西	98.75	75.15	100.00	101.94	100.00
山　东	100.00	100.00	95.98	77.15	100.00
河　南	100.00	100.00	84.21	134.27	100.00
湖　北	100.00	100.00	100.00	100.00	100.00
湖　南	85.87	100.00	100.00	101.41	100.00
广　东	100.00	114.84	100.00	110.93	100.00
广　西	100.00	104.11	100.00	95.67	100.00
海　南	100.00	103.09	100.00	100.00	129.41
重　庆	100.00	100.00	100.00	100.00	100.00
四　川	100.00	100.00	108.50	98.95	100.00
贵　州	89.00	100.00	103.61	89.86	100.00
云　南	114.47	103.34	94.87	82.17	100.00
陕　西	100.00	100.00	95.23	108.17	100.00
甘　肃	100.00	100.00	99.49	100.00	100.00
青　海	100.00	100.00	100.00	100.00	100.00
宁　夏	100.00	100.00	100.00	100.00	100.00
新　疆	100.00	100.00	89.98	100.00	100.00

2－8 **续表2** （上年＝100）

地区	林产品				
	白果	杏仁	松子	花椒	八角
全国	80.40	95.97	104.39	98.68	74.93
北京	100.00	100.00		100.00	100.00
天津		100.00	100.00	100.00	100.00
河北	100.00	100.00	132.50	94.68	100.00
山西	100.00	104.86	100.00	96.62	100.00
内蒙古	100.00	88.00	100.00	100.00	100.00
辽宁	100.00	100.00	95.51	100.00	100.00
吉林	100.00		100.00	100.00	100.00
黑龙江	100.00	100.00	100.00		100.00
上海	100.00	100.00	100.00	100.00	100.00
江苏	105.15		100.00	100.00	100.00
浙江	100.00	100.00	100.00		100.00
安徽	100.00	100.00	100.00	100.00	100.00
福建		100.00	100.00	100.00	100.00
江西	100.00	100.00	100.00		100.00
山东	100.00	114.29	100.00	101.78	100.00
河南	100.00		100.00	100.00	100.00
湖北	100.00	100.00	100.00		100.00
湖南		100.00	100.00	109.09	100.00
广东	100.00	100.00	100.00	100.00	
广西	63.29	100.00	100.00	100.00	71.82
海南	100.00		100.00	100.00	100.00
重庆		100.00	100.00	227.97	100.00
四川	62.50	100.00	100.00	87.02	100.00
贵州	100.00	100.00	100.00	107.73	
云南	100.00		103.79	98.55	75.93
陕西	100.00	103.28	100.00	85.09	100.00
甘肃	100.00	98.59	100.00	85.27	
青海	100.00	100.00	100.00	100.00	100.00
宁夏	100.00	100.00		100.00	100.00
新疆		100.00	100.00	100.00	100.00

2-9　2003 年各地区畜产品生产价格指数

（上年 = 100）

地　区	畜产品	畜产品			
		大牲畜	活猪（毛重）	家禽（毛重）	禽蛋
全　国	101.76	99.84	102.86	101.00	101.06
北　京	102.37	103.49	104.10	100.77	103.28
天　津	103.29	99.96	107.65	96.40	101.62
河　北	102.97	101.43	107.68	101.97	97.97
山　西	102.48	104.46	103.16	106.46	96.51
内蒙古	105.60	100.81	103.96	105.52	105.68
辽　宁	102.13	100.00	101.95	101.88	102.92
吉　林	124.51	114.39	134.09	117.60	124.80
黑龙江	100.41	92.95	101.91	98.95	90.67
上　海	99.70	100.00	90.51	89.95	227.59
江　苏	107.06	101.14	109.88	106.58	106.48
浙　江	117.64	106.23	121.31	113.55	103.45
安　徽	105.11	101.19	108.42	102.17	95.16
福　建	103.60	97.47	108.07	102.81	101.14
江　西	108.92	102.93	110.52	107.05	93.05
山　东	107.79	104.51	112.00	107.34	105.78
河　南	105.22	99.98	106.80	108.03	101.20
湖　北	105.93	98.17	106.96	105.43	102.85
湖　南	111.57	92.52	110.97	105.38	100.34
广　东	101.04	102.13	103.16	96.20	102.96
广　西	104.12	102.63	104.23	102.36	102.32
海　南	104.43	107.31	106.75	100.82	100.33
重　庆	103.18	104.00	103.62	98.55	103.01
四　川	101.17	101.99	102.58	98.84	99.59
贵　州	102.55	102.80	103.08	97.44	99.29
云　南	100.72	103.20	100.07	99.55	96.43
陕　西	100.89	103.74	99.99	106.45	96.80
甘　肃	99.58	101.25	99.26	109.88	95.76
青　海	102.10	101.99	103.61	98.54	101.21
宁　夏	101.00	100.90	90.50	97.10	97.70
新　疆	95.96	95.96	100.00	100.00	100.00

2－9　续表 1　　（上年＝100）

地　区	畜产品			
	牛	羊	马	驴
全　国	101.68	96.34	102.52	100.01
北　京	100.00	100.00	100.00	100.00
天　津	100.10	99.70	100.00	100.00
河　北	101.69	101.06	100.00	100.00
山　西	107.37	103.09	100.00	107.05
内蒙古	99.83	101.22	104.11	101.52
辽　宁	101.63	99.26	100.00	102.61
吉　林	114.39	121.10	100.00	100.00
黑龙江	92.94	98.67	100.00	100.00
上　海	100.00	100.00	100.00	100.00
江　苏	101.08	100.64	100.00	100.00
浙　江	100.00	100.00	100.00	100.00
安　徽	101.37	100.00	100.00	100.00
福　建	98.45	96.64	100.00	100.00
江　西	106.94	100.00	100.00	100.00
山　东	105.29	102.73	100.00	100.00
河　南	97.16	104.17	100.00	100.00
湖　北	97.88	100.81	100.00	100.00
湖　南	83.09	120.68	100.00	100.00
广　东	105.28	93.86	100.00	100.00
广　西	103.08	92.31	111.11	100.00
海　南	108.60	104.71	100.00	100.00
重　庆	104.56	102.31	100.00	100.00
四　川	91.39	112.18	100.00	100.00
贵　州	103.76	100.00	100.09	100.00
云　南	101.99	103.57	100.00	100.29
陕　西	102.60	105.50	100.00	100.00
甘　肃	101.76	101.20	100.00	100.00
青　海	105.11	101.15	100.05	100.00
宁　夏	106.60	98.40	100.00	100.00
新　疆	101.80	93.94	100.00	100.00

2-9 续表2 （上年=100）

地区	畜产品		
	牛肉	羊肉	猪肉
全国	105.20	104.93	103.42
北京	104.98	100.00	103.30
天津	0.00	100.00	100.00
河北	102.53	102.13	99.19
山西	105.54	106.98	103.28
内蒙古	100.89	100.48	107.73
辽宁	103.14	100.00	98.80
吉林	100.00	100.00	100.00
黑龙江	100.00	100.00	100.72
上海	100.00	100.00	100.00
江苏	100.00	100.00	100.00
浙江	100.00	100.00	100.00
安徽	100.00	100.00	100.00
福建	100.00	90.96	106.09
江西	100.00	100.00	108.26
山东	100.00	100.00	102.84
河南	100.00	100.00	99.99
湖北	100.00	100.00	90.91
湖南	103.97	144.93	107.59
广东	100.00	100.00	103.62
广西	100.00	100.00	102.96
海南	104.85	100.71	104.08
重庆	100.00	100.00	102.37
四川	100.00	100.00	102.58
贵州	100.00	100.00	99.95
云南	93.75	120.00	101.95
陕西	100.00	99.62	107.61
甘肃	105.69	105.09	101.02
青海	100.00	100.00	100.00
宁夏	100.00	100.00	100.00
新疆	101.80	93.94	102.60

2-9 续表3 (上年=100)

地区	畜产品		
	活猪(毛重)	仔猪	母猪
全国	102.86	105.22	101.85
北京	104.10	100.00	100.00
天津	107.65	100.00	100.00
河北	107.92	100.00	100.00
山西	103.15	102.22	100.00
内蒙古	103.08	108.46	100.00
辽宁	101.95	108.74	101.75
吉林	134.09	100.00	100.00
黑龙江	101.91	103.52	100.00
上海	90.51	100.00	100.00
江苏	100.00	100.00	100.00
浙江	116.82	100.00	100.00
安徽	108.61	100.00	100.00
福建	108.07	100.00	100.00
江西	110.52	100.00	100.00
山东	112.04	100.00	100.00
河南	106.80	121.98	114.40
湖北	107.24	100.00	100.00
湖南	110.97	122.09	114.24
广东	102.89	109.00	103.09
广西	104.24	108.70	98.09
海南	106.75	102.03	100.00
重庆	103.65	92.40	100.00
四川	95.53	100.40	99.25
贵州	103.08	101.16	99.71
云南	99.96	98.05	86.24
陕西	99.99	99.37	100.00
甘肃	98.26	104.77	100.00
青海	103.61	157.57	100.00
宁夏	90.50	100.00	100.00
新疆	85.66	100.00	100.00

2-9 续表4 (上年=100)

地区	畜产品		
	鸡	鸭	鹅
全国	101.02	95.81	101.83
北京	102.98	95.66	100.00
天津	98.05	92.96	100.00
河北	101.97	107.30	100.94
山西	106.46	100.00	100.00
内蒙古	106.07	97.89	101.03
辽宁	114.81	92.59	98.25
吉林	114.24	121.82	128.45
黑龙江	97.80	99.67	109.20
上海	89.95	100.00	100.00
江苏	107.48	104.22	102.69
浙江	118.95	109.33	100.00
安徽	102.91	99.98	100.63
福建	104.94	100.93	103.28
江西	108.19	107.22	101.40
山东	106.88	112.95	104.98
河南	108.03	120.10	103.34
湖北	105.45	105.49	100.00
湖南	106.09	102.55	111.57
广东	94.89	96.60	103.55
广西	102.23	101.42	102.70
海南	100.44	101.81	110.13
重庆	101.69	96.32	95.97
四川	99.53	99.30	95.35
贵州	96.59	101.60	97.16
云南	99.55	97.69	104.22
陕西	107.05	100.00	94.28
甘肃	109.88	100.00	
青海	98.54	100.00	100.00
宁夏	97.10		100.00
新疆	103.12	86.30	91.34

2－9 续表5 （上年＝100）

地区	畜产品				
	鸡蛋	鸭蛋	鹅蛋	牛奶	羊奶
全国	101.06	101.61	100.35	103.67	105.90
北京	103.28	100.00	100.00	98.96	100.00
天津	101.62	100.00	100.00	100.56	100.00
河北	97.97	102.91	96.34	101.02	99.58
山西	96.51	100.00	100.00	108.33	100.00
内蒙古	105.70	104.52	100.07	104.37	100.00
辽宁	102.84	94.54	114.50	100.00	100.00
吉林	121.84	135.59	130.12	191.79	100.00
黑龙江	90.59	99.26	98.29	111.50	100.00
上海	156.03	392.67	100.00	97.06	100.00
江苏	106.50	101.17	100.00	100.00	100.00
浙江	108.64	101.25	100.00		
安徽	94.65	99.38	100.00	104.87	100.00
福建	101.20	101.10	100.00	100.69	98.99
江西	102.28	90.92	100.00	100.00	100.00
山东	107.10	96.47	91.69	112.44	124.41
河南	101.20	109.86	103.45	100.00	100.00
湖北	103.70	99.84	100.00	100.00	100.00
湖南	104.04	98.05	100.00	130.65	100.00
广东	99.93	103.02	100.00	103.70	100.00
广西	102.03	102.34	100.00	100.00	100.00
海南	98.99	102.20	100.00	100.00	100.00
重庆	102.03	104.58	96.86	106.67	100.00
四川	98.75	99.55	105.83	128.64	100.00
贵州	99.87	96.97	96.87	91.74	100.00
云南	96.45	96.84	84.45	118.87	84.04
陕西	96.80	90.88	100.00	106.74	111.84
甘肃	95.76	106.67	100.00	100.88	100.00
青海	101.21	100.00	100.00	98.85	100.00
宁夏	97.70	100.00	100.00	109.50	100.00
新疆	107.46	109.52	100.00	97.72	100.00

2-9 续表6 （上年=100）

地区	畜产品			
	山羊毛	绵羊毛	山羊绒	绵羊绒
全国	85.72	100.87	104.92	123.64
北京	100.00	100.00	100.00	100.00
天津		100.00		100.00
河北	95.76	105.70	100.77	100.00
山西	97.75	99.18	87.06	100.00
内蒙古	106.41	106.64	111.85	104.88
辽宁	100.00	100.00	96.55	100.00
吉林	100.00	119.37	100.00	100.00
黑龙江	100.00	135.06	100.00	100.00
上海	100.00	100.00	100.00	100.00
江苏	100.00		100.00	
浙江	100.00		100.00	
安徽	100.00	100.00		100.00
福建	100.00		100.00	
江西	100.00	100.00	100.00	
山东	100.00	35.54	100.00	100.00
河南	157.81	90.56	100.00	100.00
湖北	100.00	100.00	100.00	100.00
湖南	100.00	100.00	100.00	100.00
广东	100.00	100.00	100.00	100.00
广西	100.00	100.00	100.00	100.00
海南	100.00	100.00	100.00	100.00
重庆	100.00		100.00	100.00
四川	100.00	100.00	100.00	
贵州	100.00	100.00		100.00
云南	100.00	100.00	100.00	
陕西	100.00	107.50	121.36	100.00
甘肃	88.25	102.82	90.19	93.72
青海	100.00	102.48	101.68	146.25
宁夏	100.00	118.40	100.00	100.00
新疆	100.00	124.81	133.33	100.00

2-10 2003年各地区渔业产品生产价格指数

（上年=100）

地区	渔业产品	渔业产品	
		海水产品	淡水产品
全国	100.34	101.13	98.83
北京	109.99		109.99
天津	92.66	101.05	93.62
河北	106.14	108.89	100.76
山西	98.60		98.60
内蒙古	109.23		109.23
辽宁	99.17	104.21	88.06
吉林	90.52		90.52
黑龙江	119.36		119.36
上海	92.95	100.00	92.95
江苏	97.74	106.59	94.97
浙江	95.75	97.69	81.93
安徽	103.11		103.11
福建	101.00	101.14	101.09
江西	97.46		97.46
山东	105.84	104.81	110.90
河南	103.39		103.39
湖北	93.49		93.49
湖南	101.79		101.79
广东	98.21	99.89	97.93
广西	96.15	83.18	98.53
海南	97.39	97.78	94.32
重庆	100.86		100.86
四川	102.30		102.30
贵州	95.88		95.88
云南	98.30		98.30
陕西	115.76		115.76
甘肃	98.94		98.94
青海	100.00		100.00
宁夏	103.20		103.20
新疆	120.12		120.12

2－10　续表1　　（上年＝100）

地　　区	海水产品	海水产品		
		鱼类	贝类	藻类
全　　国	101.13	103.98	97.80	102.66
天　　津	101.05	100.00		100.00
河　　北	108.89	100.00	114.15	100.00
辽　　宁	104.21	113.06	92.94	100.00
上　　海	100.00	100.00	100.00	
江　　苏	106.59	104.36	102.96	100.00
浙　　江	97.69	100.00	100.00	100.00
福　　建	101.14	101.28	101.36	102.07
山　　东	104.81	103.58	102.27	117.61
广　　东	99.89	94.67	123.92	100.00
广　　西	83.18	91.17	73.99	100.00
海　　南	97.78	96.85	95.10	105.23

2－10　续表2　　（上年＝100）

地　　区	海水产品					
	大黄鱼	小黄鱼	带鱼	鳕鱼	鲳鱼	鲅鱼
全　　国	94.01	97.68	102.75	96.64	96.95	107.18
天　　津	100.00	100.00	100.00	100.00		100.00
河　　北	100.00		100.00	100.00	100.00	100.00
辽　　宁	88.56	113.08	119.03	100.00	100.00	116.64
上　　海	100.00	100.00	100.00		100.00	100.00
江　　苏	100.00	100.28	114.65	100.00	96.79	100.00
浙　　江	100.00	100.00		100.00	100.00	100.00
福　　建	116.76	106.97	104.14	100.00	100.62	100.00
山　　东	100.00	92.28	113.16	96.64	99.99	105.00
广　　东	100.00	100.00	94.78	100.00	100.00	100.00
广　　西	100.00	106.02	100.00	100.00		100.00
海　　南	100.00	101.49	101.49	100.00	103.39	103.28

2－10　续表 3　（上年＝100）

地　区	海水产品				
	对虾	毛虾	梭子蟹	贻贝	扇贝
全　国	101.93	110.09	109.68	99.63	102.41
天　津	84.39	100.00	117.70	100.00	100.00
河　北	99.92	146.41	84.85	100.00	114.04
辽　宁	95.61	93.45	95.68	83.01	100.00
上　海	100.00	100.00	100.00	100.00	
江　苏	100.00		100.00	100.00	100.00
浙　江	100.00	100.00	100.00		100.00
福　建	99.71	98.04	106.98	100.00	100.00
山　东	108.63	103.22	109.45	100.00	77.88
广　东	90.17	109.32	100.00	100.00	100.00
广　西	83.74	100.00	132.58	100.00	100.00
海　南	101.37	106.67	97.64	111.11	103.66

2－10　续表 4　（上年＝100）

地　区	海水产品			
	牡蛎	蛤	海带	紫菜
全　国	96.65	98.35	103.98	103.19
天　津	100.00	100.00	100.00	
河　北	100.00	114.29	100.00	100.00
辽　宁	25.25	92.63	100.00	100.00
上　海	100.00		100.00	
江　苏	100.95	102.01		100.00
浙　江		100.00	100.00	100.00
福　建	98.64	94.45	102.00	103.19
山　东	100.00	110.39	117.61	
广　东	100.00	100.00		100.00
广　西	100.00	88.89	100.00	
海　南	100.00		100.00	100.00

2-10 **续表5** （上年=100）

地区	淡水产品	淡水产品	
		淡水鱼类	淡水虾蟹类
全国	98.83	98.65	104.13
北京	109.99	109.99	100.00
天津	93.62	92.49	109.98
河北	100.76	100.76	100.00
山西	98.60	98.60	100.00
内蒙古	109.23	109.23	100.00
辽宁	88.06	88.06	100.00
吉林	90.52	90.52	100.00
黑龙江	119.36	119.36	100.00
上海	92.95	94.60	89.31
江苏	94.97	98.92	90.23
浙江	81.93	90.05	64.33
安徽	103.11	105.76	86.66
福建	101.09	101.37	98.64
江西	97.46	97.60	91.48
山东	110.90	110.90	100.00
河南	103.39	103.39	100.00
湖北	93.49	92.03	131.59
湖南	101.79	99.71	129.12
广东	97.93	100.28	96.93
广西	98.53	98.53	100.00
海南	94.32	94.05	98.45
重庆	100.86	100.86	100.00
四川	102.30	102.30	100.00
贵州	95.88	95.88	100.00
云南	98.30	98.30	100.00
陕西	115.76	115.76	100.00
甘肃	98.94	98.94	100.00
青海	100.00	100.00	100.00
宁夏	103.20	103.20	100.00
新疆	120.12	120.12	100.00

2－10 续表6 （上年＝100）

地区	淡水产品			
	青鱼	草鱼	鲤鱼	鲢鱼
全国	99.28	97.33	101.06	97.28
北京		101.57	106.08	138.64
天津	100.00	98.08	103.60	92.28
河北	100.00	103.71	97.46	108.18
山西	100.00	100.00	100.00	100.00
内蒙古		132.47	102.78	112.14
辽宁	100.00	97.46	97.21	69.53
吉林	100.00	100.00	100.00	
黑龙江		100.00	119.98	103.08
上海	100.00	94.02	100.00	99.71
江苏	97.42	103.40	100.21	98.33
浙江	100.00	98.79	74.44	84.65
安徽	77.54	96.88	115.78	109.15
福建	72.90	94.27	104.43	103.88
江西	102.58	108.12	91.88	81.43
山东	100.00	100.00	106.23	119.91
河南	100.83	100.00	105.20	101.40
湖北	106.32	88.19	93.23	90.60
湖南	104.70	95.22	106.55	99.25
广东	101.22	101.56	105.35	103.03
广西	100.00	99.99	103.90	97.30
海南	100.00	100.00		100.00
重庆	100.00	120.96	95.57	102.17
四川	115.70	97.56	104.95	100.52
贵州	100.09	92.37	97.42	100.00
云南	100.00	98.10	102.84	99.01
陕西		117.35	121.05	97.72
甘肃	100.00		98.94	100.00
青海		100.00	136.36	
宁夏	100.00		103.20	100.00
新疆	100.00	103.86	138.31	110.32

2－10　**续表 7**　（上年＝100）

地　区	淡水产品		
	鲫鱼	罗非鱼	鲶鱼
全　国	98.06	96.57	98.02
北　京	100.00	99.01	100.00
天　津	87.36	100.00	100.00
河　北	97.70	100.00	100.00
山　西	100.00	98.52	
内蒙古	114.31	100.00	100.00
辽　宁	100.00	100.00	111.18
吉　林	90.52	100.00	95.57
黑龙江	114.69	100.00	100.00
上　海	92.46	100.00	100.00
江　苏	93.30	100.00	100.00
浙　江	114.39	100.00	100.00
安　徽	98.14		100.00
福　建	101.99	100.31	100.00
江　西	119.04	100.00	
山　东	100.00	100.00	103.45
河　南	92.31	100.00	100.00
湖　北	95.10	100.00	
湖　南	101.49	100.00	116.67
广　东	98.90	90.38	99.40
广　西	100.00	98.97	68.95
海　南	100.00	97.29	100.00
重　庆	100.00		100.00
四　川	109.01	100.00	91.67
贵　州	138.61	100.00	100.00
云　南	98.53	98.93	100.00
陕　西	100.00	100.00	
甘　肃		100.00	100.00
青　海	100.00		100.00
宁　夏	100.00	100.00	
新　疆	83.36	94.86	100.00

2－10 续表 8 （上年＝100）

地区	淡水产品			
	龙虾	罗氏沼虾	青虾	大闸蟹
全国	107.08	95.77	99.68	86.89
北京	100.00	100.00		100.00
天津	100.00		100.00	109.98
河北	100.00	100.00		100.00
山西	100.00		100.00	
内蒙古		100.00	100.00	100.00
辽宁	100.00	100.00	100.00	100.00
吉林	100.00		100.00	100.00
黑龙江	100.00	100.00		100.00
上海	100.00	66.21	100.00	89.31
江苏	102.84	100.00	100.00	89.29
浙江	100.00	100.00	100.00	100.00
安徽	122.33		109.18	86.66
福建	88.24	100.00	112.02	
江西	96.90	100.00		100.00
山东	100.00		100.00	100.00
河南	109.09	100.00		100.00
湖北	129.70		100.00	100.00
湖南	129.12	100.00	97.56	
广东	100.00	110.72	99.78	100.00
广西	100.00		100.00	100.00
海南	100.00	102.76	100.00	100.00
重庆	96.43	100.00		100.00
四川		100.00	100.00	100.00
贵州	100.00	100.00		100.00
云南	100.00	93.75	100.00	
陕西	100.00		100.00	100.00
甘肃	100.00	100.00	100.00	
青海		100.00	100.00	100.00
宁夏	100.00	100.00		100.00
新疆	100.00		100.00	100.00

第 3 部分

农产品集贸市场价格

3－1 全国农产品集贸市场价格及走势

年　份	1997	1998	1999	2000	2001	2002	2003
一、价格（元/公斤）							
籼　稻	1.31	1.30	1.22	1.01	1.05	1.04	1.08
优质籼稻				1.18	1.24	1.16	1.25
粳　稻	1.50	1.47	1.39	1.27	1.31	1.15	1.20
小　麦	1.41	1.32	1.25	1.02	1.09	1.06	1.14
玉　米	1.13	1.23	1.07	0.88	1.08	1.03	1.14
大　豆	3.59	3.28	2.71	2.53	2.43	2.38	2.96
籼　米						1.62	1.79
优质籼米						1.90	2.10
粳　米						1.92	2.02
面　粉						1.71	1.82
二、指数（上年＝100）							
籼　稻		99.38	93.72	82.44	104.70	98.63	103.63
优质籼稻					105.10	93.62	107.46
粳　稻		97.88	94.70	91.39	102.89	87.99	104.06
小　麦		93.76	94.48	82.02	107.09	96.46	107.64
玉　米		108.53	87.17	81.99	122.78	95.18	111.31
大　豆		91.41	82.56	93.23	96.36	97.75	124.51
籼　米							110.56
优质籼米							110.41
粳　米							105.03
面　粉							106.20

3－1 续表1

年　　份	2000	2001	2002	2003
一、价格（元/公斤）				
棉花(籽棉)	3.33	3.55	3.35	4.80
花生仁			4.32	5.60
油菜籽			1.92	2.40
花生油	8.49	8.04	7.88	9.43
菜籽油	6.73	5.98	5.79	6.85
豆　油	6.37	5.50	5.50	6.74
烤　烟			7.70	8.54
大白菜			0.75	1.01
黄　瓜			1.81	2.07
西红柿			1.88	2.21
菜　椒			2.21	2.62
四季豆			2.48	2.69
红富士苹果			2.93	3.35
香　蕉			2.91	3.11
橙　子			2.88	3.41
二、指数（上年＝100）				
棉花(籽棉)		106.65	94.41	143.16
花生仁				129.60
油菜籽				125.07
花生油		94.69	97.99	119.78
菜籽油		88.95	96.73	118.43
豆　油		86.43	99.92	122.53
烤　烟				110.97
大白菜				134.02
黄　瓜				114.14
西红柿				117.08
菜　椒				118.89
四季豆				108.47
红富士苹果				114.22
香　蕉				107.03
橙　子				118.58

3－1　续表2

年　份	2000	2001	2002	2003
一、价格 （元/公斤）				
草　鱼	7.25	7.24	7.10	7.24
鲤　鱼	7.73	7.52	6.84	7.01
鲢　鱼			5.71	5.70
带　鱼			8.95	9.33
活　猪	5.51	5.80	5.56	6.12
仔　猪	7.16	7.64	7.37	7.91
猪　肉	9.68	10.18	9.85	10.70
牛　肉	12.53	12.86	13.66	14.99
羊　肉	14.55	14.58	15.16	16.16
活　鸡			558.39	8.80
鸡　蛋	4.98	5.20	5.43	5.37
二、指数 （上年＝100）				
草　鱼		99.83	98.04	102.06
鲤　鱼		97.31	90.94	102.48
鲢　鱼				99.85
带　鱼				104.26
活　猪		105.31	95.92	109.90
仔　猪		106.81	96.46	107.23
猪　肉		105.27	96.74	108.54
牛　肉		102.62	106.25	109.74
羊　肉		100.14	103.99	106.61
活　鸡				104.90
鸡　蛋		104.27	104.51	98.89

3－2　1997 年全国农产品集贸市场价格及走势

（按季分）

	籼稻	粳稻	小麦	玉米	大豆
一、价格（元/公斤）					
第二季度	1.36	1.53	1.45	1.05	3.62
第三季度	1.29	1.47	1.34	1.17	3.61
第四季度	1.23	1.44	1.35	1.19	3.52
二、指数（上季度＝100）					
第三季度	95.33	95.87	92.18	111.78	99.72
第四季度	95.10	97.96	100.75	101.42	97.41

3－3　1998 年全国农产品集贸市场价格及走势

（按季分）

	籼稻	粳稻	小麦	玉米	大豆
一、价格（元/公斤）					
第一季度	1.26	1.37	1.34	1.22	3.47
第二季度	1.28	1.47	1.29	1.25	3.32
第三季度	1.35	1.55	1.31	1.27	3.24
第四季度	1.32	1.48	1.34	1.17	3.09
二、指数（上季度＝100）					
第一季度	102.17	95.14	99.50	103.09	98.67
第二季度	101.59	107.30	96.27	101.91	95.77
第三季度	105.74	105.67	101.55	101.87	97.59
第四季度	97.78	95.49	102.04	92.13	95.17

3－4　1999 年全国农产品集贸市场价格及走势

（按季分）

	籼稻	粳稻	小麦	玉米	大豆
一、价格（元/公斤）					
第一季度	1.32	1.48	1.37	1.13	2.87
第二季度	1.30	1.44	1.31	1.14	2.77
第三季度	1.18	1.37	1.17	1.06	2.65
第四季度	1.07	1.27	1.13	0.94	2.55
二、指数（上季度＝100）					
第一季度	100.25	99.78	102.49	96.87	93.09
第二季度	98.32	97.52	95.86	100.80	96.25
第三季度	90.51	95.22	89.38	92.71	95.78
第四季度	91.25	92.25	96.10	89.22	96.16

3-5 2000年全国农产品集贸市场价格及走势

（按季分）

品　种	第一季度	第二季度	第三季度	第四季度
一、价格（元/公斤）				
籼　稻	1.06	1.01	0.96	1.00
优质籼稻	1.22	1.19	1.13	1.18
粳　稻	1.31	1.23	1.28	1.28
小　麦	1.09	1.01	0.96	1.03
玉　米	0.85	0.84	0.89	0.93
大　豆	2.43	2.61	2.60	2.46
棉　花	2.96	3.37	3.43	3.56
花生油	8.70	8.53	8.46	8.26
菜籽油	7.31	6.80	6.43	6.36
豆　油	6.80	6.55	6.18	5.94
活　猪	5.48	5.27	5.51	5.77
仔　猪	6.60	7.08	7.43	7.52
猪　肉	9.48	9.22	9.76	10.24
牛　肉	12.32	12.51	12.59	12.71
羊　肉	14.72	14.45	14.52	14.53
鸡　蛋	4.96	4.82	5.06	5.09
草　鱼	6.93	7.35	7.43	7.28
鲤　鱼	7.31	8.06	7.97	7.57

3－5 续表

品　种	第一季度	第二季度	第三季度	第四季度
二、指数（上季度＝100）				
籼　稻	98.32	95.27	95.36	103.86
优质籼稻		97.28	94.96	104.44
粳　稻	103.06	93.88	104.08	99.97
小　麦	96.34	93.25	95.07	106.46
玉　米	89.59	99.61	105.53	104.39
大　豆	95.28	107.69	99.49	94.64
棉　花		113.84	101.69	103.80
花生油		98.05	99.26	97.61
菜籽油		92.98	94.61	98.89
豆　油		96.42	94.25	96.25
活　猪		96.17	104.55	104.77
仔　猪		107.33	104.94	101.17
猪　肉		97.33	105.82	104.94
牛　肉		101.54	100.61	100.93
羊　肉		98.14	100.53	100.05
鸡　蛋		97.11	104.91	100.69
草　鱼		106.06	101.04	97.99
鲤　鱼		110.21	98.88	94.99

3－6　2001年全国农产品集贸市场价格及走势

（按季分）

品　　种	第一季度	第二季度	第三季度	第四季度
一、价格（元/公斤）				
籼　　稻	1.01	1.06	1.07	1.07
优质籼稻	1.21	1.26	1.24	1.25
粳　　稻	1.28	1.32	1.35	1.29
小　　麦	1.06	1.10	1.10	1.12
玉　　米	1.01	1.10	1.14	1.06
大　　豆	2.47	2.47	2.43	2.37
棉　　花	3.72	3.80	3.69	3.00
花 生 油	8.19	8.15	7.98	7.82
菜 籽 油	6.17	6.05	5.91	5.81
豆　　油	5.61	5.62	5.43	5.36
活　　猪	5.90	5.65	5.74	5.92
仔　　猪	7.79	7.82	7.54	7.42
猪　　肉	10.37	9.92	10.12	10.32
牛　　肉	13.02	12.69	12.69	13.04
羊　　肉	14.80	14.45	14.29	14.76
鸡　　蛋	5.01	5.02	5.37	5.39
草　　鱼	7.22	7.26	7.28	7.19
鲤　　鱼	7.69	7.68	7.49	7.22

3－6 续表

品　　种	第一季度	第二季度	第三季度	第四季度
二、指数 （上季度＝100）				
籼　　稻	101.77	104.51	100.81	99.64
优质籼稻	102.38	104.54	98.23	100.93
粳　　稻	100.03	103.05	102.60	95.61
小　　麦	103.48	103.78	99.88	101.50
玉　　米	108.82	108.73	103.55	93.08
大　　豆	100.43	99.84	98.40	97.48
棉　　花	104.47	102.16	97.14	81.34
花 生 油	99.18	99.51	97.93	97.88
菜 籽 油	96.98	98.00	97.66	98.45
豆　　油	94.37	100.18	96.59	98.69
活　　猪	102.12	95.81	101.70	102.98
仔　　猪	103.68	100.30	96.47	98.42
猪　　肉	101.28	95.67	102.00	101.94
牛　　肉	102.50	97.43	100.02	102.73
羊　　肉	101.85	97.63	98.92	103.30
鸡　　蛋	98.33	100.20	107.13	100.21
草　　鱼	99.16	100.60	100.20	98.78
鲤　　鱼	101.56	99.93	97.51	96.32

3－7　2002年全国农产品集贸市场价格及走势

（按季分）

品　　种	第一季度	第二季度	第三季度	第四季度
一、价格（元/公斤）				
籼　　稻	1.02	1.06	1.05	1.03
优质籼稻	1.15	1.19	1.16	1.14
粳　　稻	1.17	1.17	1.16	1.11
小　　麦	1.08	1.06	1.05	1.04
玉　　米	1.01	1.04	1.06	1.00
大　　豆	2.31	2.35	2.39	2.46
籼　　米	1.60	1.61	1.63	1.62
优质籼米	1.88	1.89	1.92	1.91
粳　　米	1.92	1.92	1.94	1.91
面　　粉	1.72	1.72	1.71	1.69
棉花（籽棉）	2.97	3.14	3.25	4.05
花 生 仁	4.08	4.22	4.46	4.51
油 菜 籽	1.93	1.82	1.92	2.01
花 生 油	7.78	7.68	7.98	8.06
菜 籽 油	5.62	5.55	5.81	6.18
豆　　油	5.25	5.22	5.62	5.91
烤　　烟	7.58	8.07	7.96	7.18
活　　猪	5.71	5.34	5.51	5.70
仔　　猪	7.56	7.36	7.24	7.32
猪　　肉	10.01	9.57	9.83	10.00
牛　　肉	13.45	13.29	13.62	14.31
羊　　肉	15.22	14.97	15.00	15.44
活　　鸡	8.53	8.32	8.38	8.33
鸡　　蛋	5.53	5.31	5.46	5.42
草　　鱼	7.18	7.11	7.16	6.93
鲤　　鱼	6.76	6.82	7.04	6.74
鲢　　鱼	5.53	5.78	5.88	5.66
带　　鱼	8.95	8.82	9.10	8.94
大 白 菜	0.54	0.77	1.00	0.70
黄　　瓜	2.54	1.46	1.16	2.09
西 红 柿	2.47	1.76	1.33	1.97
菜　　椒	3.14	2.14	1.39	2.15
四 季 豆	3.40	2.32	1.78	2.44
红富士苹果	2.72	3.15	3.05	2.80
香　　蕉	3.24	3.08	2.59	2.72
橙　　子	2.87	2.91	2.95	2.78

3－7　续表

品　　种	第一季度	第二季度	第三季度	第四季度
二、指数（上季度＝100）				
籼　　稻	95.63	104.12	98.67	98.02
优质籼稻	92.03	103.40	97.50	98.27
粳　　稻	90.26	100.54	98.66	96.29
小　　麦	96.53	98.27	98.72	99.63
玉　　米	95.21	102.77	102.02	94.26
大　　豆	97.49	101.95	101.61	103.13
籼　　米		100.70	101.06	99.60
优质籼米		100.30	101.41	99.88
粳　　米		100.29	100.60	98.90
面　　粉		99.78	99.84	98.78
棉花（籽棉）	99.08	105.53	103.55	124.69
花 生 仁		103.37	105.60	101.17
油 菜 籽		94.27	105.61	104.61
花 生 油	99.51	98.81	103.80	101.11
菜 籽 油	96.66	98.71	104.73	106.35
豆　　油	97.95	99.56	107.52	105.17
烤　　烟		106.41	98.59	90.18
活　　猪	96.50	93.48	103.25	103.54
仔　　猪	101.92	97.35	98.31	101.16
猪　　肉	97.03	95.58	102.73	101.71
牛　　肉	103.13	98.79	102.51	105.04
羊　　肉	103.07	98.40	100.13	103.00
活　　鸡		97.52	100.77	99.39
鸡　　蛋	102.61	96.13	102.82	99.20
草　　鱼	99.86	99.00	100.80	96.76
鲤　　鱼	93.71	100.89	103.12	95.76
鲢　　鱼		104.60	101.68	96.23
带　　鱼		98.52	103.12	98.24
大 白 菜		143.86	129.81	69.84
黄　　瓜		57.31	79.93	179.59
西 红 柿		71.40	75.69	147.90
菜　　椒		68.00	64.96	155.21
四 季 豆		68.12	76.69	137.29
红富士苹果		115.72	96.95	91.62
香　　蕉		95.10	84.01	105.08
橙　　子		101.30	101.38	94.12

3－8　2003年全国农产品集贸市场价格及走势

（按季分）

品　　种	第一季度	第二季度	第三季度	第四季度
一、价格（元/公斤）				
籼　　稻	1.05	1.05	1.05	1.16
优质籼稻	1.22	1.21	1.22	1.35
粳　　稻	1.14	1.16	1.17	1.32
小　　麦	1.12	1.10	1.09	1.24
玉　　米	1.06	1.13	1.15	1.23
大　　豆	2.74	2.89	2.93	3.28
籼　　米	1.73	1.74	1.76	1.93
优质籼米	2.04	2.05	2.04	2.26
粳　　米	1.96	1.97	1.97	2.18
面　　粉	1.78	1.76	1.75	1.97
棉花（籽棉）	4.22	4.39	4.58	6.02
花 生 仁	5.11	5.52	5.63	6.13
油 菜 籽	2.22	2.22	2.40	2.75
花 生 油	8.85	9.10	9.17	10.60
菜 籽 油	6.41	6.59	6.72	7.70
豆　　油	6.31	6.52	6.52	7.60
烤　　烟	8.19	8.62	8.66	8.69
活　　猪	5.77	5.57	6.01	7.10
仔　　猪	7.54	7.35	7.82	8.92
猪　　肉	10.05	9.84	10.58	12.31
牛　　肉	14.82	14.65	14.91	15.60
羊　　肉	16.32	15.86	15.95	16.51
活　　鸡	8.79	8.36	8.70	9.36
鸡　　蛋	5.28	5.00	5.23	5.97
草　　鱼	7.14	7.19	7.28	7.36
鲤　　鱼	6.86	6.90	7.11	7.17
鲢　　鱼	5.51	5.64	5.78	5.88
带　　鱼	9.47	9.29	9.22	9.35
大 白 菜	0.95	1.05	1.09	0.94
黄　　瓜	3.06	1.56	1.27	2.38
西 红 柿	2.89	2.05	1.42	2.47
菜　　椒	3.61	2.69	1.62	2.58
四 季 豆	3.81	2.51	1.77	2.68
红富士苹果	3.13	3.42	3.75	3.09
香　　蕉	3.13	3.05	3.00	3.27
橙　　子	3.17	3.30	3.66	3.53

3－8　续表

品　　种	第一季度	第二季度	第三季度	第四季度
二、指数				
（上季度＝100）				
籼　　稻	102.49	99.46	100.12	110.66
优质籼稻	106.84	98.99	100.81	110.88
粳　　稻	102.35	102.27	100.33	112.92
小　　麦	107.17	98.41	98.92	114.55
玉　　米	106.54	105.97	101.88	107.21
大　　豆	111.24	105.53	101.27	111.95
籼　　米	106.45	100.49	101.23	109.66
优质籼米	106.38	100.64	99.78	110.81
粳　　米	102.58	100.25	100.12	110.40
面　　粉	105.18	98.63	99.94	112.56
棉花（籽棉）	104.14	103.98	104.28	131.53
花 生 仁	113.29	108.05	101.94	108.86
油 菜 籽	110.84	99.79	107.88	114.99
花 生 油	109.78	102.82	100.79	115.57
菜 籽 油	103.80	102.70	101.99	114.70
豆　　油	106.76	103.39	100.05	116.54
烤　　烟	114.16	105.25	100.42	100.40
活　　猪	101.21	96.56	107.82	118.20
仔　　猪	103.01	97.40	106.38	114.07
猪　　肉	100.48	97.98	107.45	116.40
牛　　肉	103.60	98.84	101.77	104.65
羊　　肉	105.65	97.21	100.57	103.49
活　　鸡	105.49	95.10	104.07	107.62
鸡　　蛋	97.51	94.69	104.47	114.14
草　　鱼	102.94	100.72	101.35	101.01
鲤　　鱼	101.78	100.63	103.05	100.78
鲢　　鱼	97.35	102.47	102.44	101.69
带　　鱼	106.00	98.07	99.23	101.47
大 白 菜	136.19	109.85	104.22	86.43
黄　　瓜	146.48	51.05	81.07	188.14
西 红 柿	146.34	71.16	68.93	174.22
菜　　椒	167.37	74.46	60.27	159.37
四 季 豆	156.22	65.95	70.52	151.16
红富士苹果	112.00	109.17	109.58	82.34
香　　蕉	115.06	97.51	98.19	109.10
橙　　子	114.18	103.97	110.86	96.49

3-9 1997年全国农产品集贸市场价格及走势

（按月分）

	籼稻	粳稻	小麦	玉米	大豆
一、价格（元/公斤）					
3月	1.45	1.68	1.67	1.10	3.65
4月	1.41	1.56	1.58	1.06	3.66
5月	1.33	1.51	1.44	1.08	3.62
6月	1.33	1.53	1.33	1.00	3.58
7月	1.29	1.48	1.34	1.12	3.57
8月	1.27	1.50	1.33	1.19	3.62
9月	1.32	1.43	1.34	1.20	3.64
10月	1.27	1.53	1.33	1.23	3.62
11月	1.24	1.45	1.34	1.18	3.53
12月	1.18	1.34	1.37	1.15	3.40
二、指数（上月=100）					
4月	97.24	92.86	94.61	96.36	100.27
5月	94.33	96.79	91.14	101.89	98.91
6月	100.00	101.32	92.36	92.59	98.90
7月	96.99	96.73	100.75	112.00	99.72
8月	98.45	101.35	99.25	106.25	101.40
9月	103.94	95.33	100.75	100.84	100.55
10月	96.21	106.99	99.25	102.50	99.45
11月	97.64	94.77	100.75	95.93	97.51
12月	95.16	92.41	102.24	97.46	96.32

3-10 1998年全国农产品集贸市场价格及走势

（按月分）

	籼稻	粳稻	小麦	玉米	大豆
一、价格（元/公斤）					
1月	1.29	1.41	1.34	1.15	3.48
2月	1.25	1.34	1.34	1.21	3.46
3月	1.23	1.36	1.34	1.31	3.47
4月	1.22	1.36	1.28	1.24	3.41
5月	1.25	1.46	1.28	1.23	3.25
6月	1.36	1.59	1.31	1.27	3.31
7月	1.33	1.56	1.31	1.28	3.26
8月	1.38	1.55	1.30	1.28	3.25
9月	1.34	1.55	1.32	1.25	3.22
10月	1.33	1.51	1.32	1.25	3.22
11月	1.31	1.46	1.35	1.14	3.04
12月	1.32	1.48	1.34	1.12	3.00
二、指数（上月=100）					
1月	109.32	105.22	97.81	100.00	102.35
2月	96.90	95.04	100.00	105.22	99.43
3月	98.40	101.49	100.00	108.26	100.29
4月	99.19	100.00	95.52	94.66	98.27
5月	102.46	107.35	100.00	99.19	95.31
6月	108.80	108.90	102.34	103.25	101.85
7月	97.79	98.11	100.00	100.79	98.49
8月	103.76	99.36	99.24	100.00	99.69
9月	97.10	100.00	101.54	97.66	99.08
10月	99.25	97.42	100.00	100.00	100.00
11月	98.50	96.69	102.27	91.20	94.41
12月	100.76	101.37	99.26	98.25	98.68

3－11　1999年全国农产品集贸市场价格及走势

（按月分）

	籼稻	粳稻	小麦	玉米	大豆
一、价格（元/公斤）					
1月	1.30	1.46	1.37	1.12	2.90
2月	1.34	1.51	1.37	1.14	2.87
3月	1.33	1.47	1.37	1.14	2.85
4月	1.31	1.47	1.36	1.14	2.80
5月	1.31	1.44	1.34	1.15	2.77
6月	1.28	1.42	1.24	1.14	2.73
7月	1.23	1.39	1.20	1.10	2.70
8月	1.18	1.37	1.17	1.06	2.63
9月	1.12	1.36	1.15	1.02	2.62
10月	1.08	1.28	1.14	0.97	2.54
11月	1.08	1.26	1.14	0.93	2.54
12月	1.06	1.27	1.11	0.93	2.56
二、指数（上月＝100）					
1月	98.48	98.65	102.24	100.00	96.67
2月	103.08	103.42	100.00	101.79	98.97
3月	99.25	97.35	100.00	100.00	99.30
4月	98.50	100.00	99.27	100.00	98.25
5月	100.00	97.96	98.53	100.88	98.93
6月	97.98	98.61	92.54	98.90	98.43
7月	96.09	98.16	96.74	96.51	99.11
8月	95.47	98.58	97.45	96.64	97.19
9月	95.31	98.62	98.64	96.09	99.67
10月	96.13	94.13	98.66	95.20	96.88
11月	100.43	98.94	100.32	96.03	100.19
12月	97.97	100.33	96.85	100.11	100.91

3－12　2000年全国农产

（按月分）

品　　种	1月	2月	3月	4月	5月
一、价格（元/公斤）					
籼　　稻	1.10	1.08	0.99	1.02	1.00
优质籼稻	1.21	1.23	1.23	1.16	1.19
粳　　稻	1.32	1.31	1.29	1.22	1.23
小　　麦	1.12	1.09	1.05	1.04	1.00
玉　　米	0.85	0.85	0.84	0.82	0.84
大　　豆	2.37	2.44	2.47	2.57	2.63
棉　　花	2.89	2.99	3.00	3.28	3.40
花 生 油	8.70	8.64	8.75	8.59	8.53
菜 籽 油	7.34	7.32	7.28	6.94	6.83
豆　　油	6.80	6.79	6.80	6.60	6.54
活　　猪	5.51	5.46	5.47	5.38	5.27
仔　　猪	6.37	6.43	6.99	7.00	7.04
猪　　肉	9.30	9.66	9.47	9.22	9.20
牛　　肉	11.37	12.84	12.76	12.58	12.57
羊　　肉	14.20	15.08	14.88	14.55	14.52
鸡　　蛋	4.57	5.32	5.00	4.87	4.85
草　　鱼	6.96	6.92	6.92	7.19	7.40
鲤　　鱼	7.23	7.29	7.42	7.76	8.22

品集贸市场价格及走势

6月	7月	8月	9月	10月	11月	12月
1.00	0.95	0.97	0.96	0.98	1.00	1.01
1.22	1.11	1.15	1.13	1.16	1.19	1.19
1.23	1.27	1.30	1.26	1.29	1.26	1.27
1.00	0.94	0.98	0.97	1.00	1.02	1.06
0.87	0.88	0.89	0.90	0.90	0.92	0.97
2.64	2.65	2.64	2.51	2.47	2.46	2.46
3.44	3.45	3.50	3.34	3.50	3.57	3.60
8.46	8.51	8.48	8.40	8.32	8.16	8.30
6.63	6.60	6.36	6.34	6.63	6.24	6.21
6.52	6.21	6.23	6.09	6.01	5.94	5.89
5.16	5.38	5.57	5.58	5.65	5.79	5.88
7.20	7.32	7.43	7.54	7.44	7.56	7.56
9.25	9.48	9.82	9.98	10.16	10.35	10.21
12.39	12.30	12.66	12.81	12.77	12.62	12.74
14.27	14.45	14.58	14.54	14.37	14.63	14.58
4.74	4.71	5.17	5.29	5.09	5.09	5.10
7.47	7.60	7.34	7.35	7.31	7.25	7.28
8.20	8.28	7.89	7.74	7.65	7.50	7.56

3－12 **续表**

品　　种	1 月	2 月	3 月	4 月	5 月
二、指数 （上月＝100）					
籼　　稻	103.62	98.18	91.67	103.03	98.04
优质籼稻		101.65	100.00	94.31	102.59
粳　　稻	104.26	99.24	98.47	94.57	100.82
小　　麦	101.34	97.32	96.33	99.05	96.15
玉　　米	91.12	100.00	98.82	97.62	102.44
大　　豆	92.43	102.95	101.23	104.05	102.33
棉　　花		103.42	100.40	109.09	103.75
花 生 油		99.31	101.27	98.17	99.30
菜 籽 油		99.73	99.45	95.33	98.41
豆　　油		99.85	100.15	97.06	99.09
活　　猪		99.09	100.18	98.35	97.96
仔　　猪		100.94	108.71	100.14	100.57
猪　　肉		103.87	98.03	97.36	99.78
牛　　肉		112.93	99.38	98.59	99.92
羊　　肉		106.20	98.67	97.78	99.79
鸡　　蛋		116.41	93.98	97.40	99.59
草　　鱼		99.43	100.00	103.90	102.92
鲤　　鱼		100.83	101.78	104.58	105.93

6月	7月	8月	9月	10月	11月	12月
100.00	95.00	102.11	98.97	102.33	102.11	100.26
102.52	90.98	103.60	98.26	102.68	102.74	99.68
100.00	103.25	102.36	96.92	102.59	97.83	100.58
100.00	94.00	104.26	98.98	103.01	101.82	104.23
103.57	101.15	101.14	101.12	99.92	102.64	104.55
100.38	100.38	99.62	95.08	98.31	99.60	99.95
101.24	100.26	101.39	95.45	104.82	102.14	100.79
99.18	100.59	99.65	99.06	99.10	97.99	101.78
97.07	99.55	96.36	99.69	104.57	94.17	99.52
99.69	95.25	100.32	97.75	98.73	98.73	99.15
97.91	104.26	103.53	100.18	101.21	102.60	101.43
102.27	101.67	101.50	101.48	98.65	101.57	100.04
100.54	102.49	103.59	101.63	101.83	101.86	98.65
98.57	99.27	102.93	101.18	99.66	98.82	100.98
98.28	101.26	100.90	99.73	98.86	101.79	99.68
97.73	99.37	109.77	102.32	96.16	100.04	100.21
100.95	101.74	96.58	100.14	99.52	99.14	100.34
99.76	100.98	95.29	98.10	98.79	98.11	100.82

3－13 2001年全国农产

（按月分）

品　　种	1月	2月	3月	4月	5月
一、价格（元/公斤）					
籼　　稻	1.02	1.02	1.01	1.04	1.08
优质籼稻	1.21	1.20	1.21	1.25	1.29
粳　　稻	1.25	1.27	1.31	1.28	1.30
小　　麦	1.06	1.06	1.06	1.08	1.14
玉　　米	0.97	1.03	1.03	1.08	1.11
大　　豆	2.47	2.49	2.46	2.45	2.49
棉　　花	3.73	3.76	3.66	3.85	3.75
花 生 油	8.10	8.21	8.27	8.16	8.11
菜 籽 油	6.17	6.19	6.15	6.19	6.00
豆　　油	5.52	5.67	5.64	5.74	5.53
活　　猪	5.92	5.94	5.83	5.72	5.62
仔　　猪	7.59	7.88	7.91	7.96	7.72
猪　　肉	10.63	10.31	10.18	10.05	9.92
牛　　肉	13.41	12.95	12.71	12.67	12.74
羊　　肉	15.06	14.72	14.61	14.53	14.42
鸡　　蛋	5.16	4.93	4.93	4.95	5.02
草　　鱼	7.34	7.15	7.17	7.25	7.20
鲤　　鱼	7.80	7.63	7.64	7.73	7.60

品集贸市场价格及走势

6月	7月	8月	9月	10月	11月	12月
1.07	1.07	1.06	1.07	1.06	1.06	1.08
1.25	1.26	1.22	1.24	1.24	1.25	1.27
1.36	1.32	1.34	1.39	1.32	1.28	1.28
1.09	1.09	1.09	1.12	1.12	1.11	1.13
1.10	1.15	1.13	1.13	1.10	1.05	1.03
2.46	2.42	2.41	2.45	2.40	2.36	2.34
3.80	3.89	3.78	3.40	3.20	2.90	2.91
8.19	8.09	7.94	7.93	7.85	7.88	7.72
5.96	5.91	5.96	5.85	5.85	5.88	5.71
5.59	5.42	5.45	5.42	5.42	5.36	5.29
5.60	5.62	5.74	5.87	5.85	5.92	5.98
7.77	7.46	7.59	7.58	7.40	7.42	7.44
9.81	9.92	10.13	10.32	10.30	10.32	10.34
12.66	12.72	12.60	12.76	12.86	13.08	13.17
14.39	14.22	14.41	14.24	14.70	14.62	14.98
5.08	5.14	5.44	5.54	5.45	5.33	5.38
5.08	5.14	7.28	7.27	7.20	7.15	7.22
7.72	7.49	7.53	7.46	7.32	7.17	7.17

3－13 **续表**

品　　种	1月	2月	3月	4月	5月
二、指数 （上月＝100）					
籼　　稻	101.04	100.16	99.26	102.69	103.89
优质籼稻	102.10	99.06	100.69	103.26	103.03
粳　　稻	98.04	101.78	103.57	97.66	101.23
小　　麦	100.19	99.75	100.20	101.83	104.98
玉　　米	100.67	105.71	100.77	104.49	102.99
大　　豆	100.34	100.84	99.08	99.56	101.66
棉　　花	103.57	100.71	97.51	104.99	97.40
花 生 油	97.59	101.33	100.72	98.65	99.47
菜 籽 油	99.29	100.37	99.29	100.60	96.99
豆　　油	93.85	102.65	99.42	101.81	96.37
活　　猪	100.69	100.38	98.11	98.20	98.24
仔　　猪	100.39	103.88	100.37	100.66	96.94
猪　　肉	104.12	96.97	98.72	98.73	98.71
牛　　肉	105.29	96.59	98.08	99.72	100.55
羊　　肉	103.28	97.73	99.28	99.44	99.23
鸡　　蛋	101.14	95.64	99.94	100.32	101.55
草　　鱼	100.90	97.39	100.26	101.14	99.36
鲤　　鱼	103.12	97.83	100.07	101.20	98.37

6月	7月	8月	9月	10月	11月	12月
98.94	100.58	99.19	100.64	99.03	99.52	102.36
97.32	100.44	97.25	101.39	100.23	100.25	101.65
104.99	97.03	101.29	103.33	94.94	97.38	99.65
95.84	99.95	100.12	103.29	99.47	98.83	101.86
99.05	104.26	98.34	100.28	97.19	95.04	98.22
98.56	98.46	99.82	101.42	98.17	98.00	99.27
101.42	102.34	97.17	89.96	94.19	90.43	100.30
100.91	98.74	98.22	99.82	99.00	100.39	97.98
99.27	99.31	100.70	98.16	100.11	100.50	97.02
101.07	96.91	100.57	99.50	99.97	98.93	98.71
99.61	100.40	102.06	102.35	99.59	101.14	101.13
100.60	96.04	101.69	99.91	97.60	100.37	100.26
98.86	101.18	102.09	101.88	99.83	100.18	100.15
99.38	100.47	99.07	101.23	100.83	101.70	100.71
99.79	98.83	101.33	98.82	103.22	99.41	102.46
101.17	101.25	105.64	101.97	98.26	97.86	101.01
101.82	99.19	100.12	99.82	98.96	99.31	101.09
101.55	96.98	100.62	98.98	98.11	97.97	99.97

3－14　2002年全国农产品

（按月分）

品　种	1月	2月	3月	4月	5月
一、价格					
（元/公斤）					
籼　稻	1.00	1.00	1.05	1.05	1.07
优质籼稻	1.13	1.13	1.19	1.19	1.20
粳　稻	1.15	1.16	1.19	1.17	1.17
小　麦	1.08	1.07	1.08	1.07	1.07
玉　米	1.00	1.01	1.02	1.01	1.04
大　豆	2.34	2.30	2.28	2.32	2.36
籼　米	1.58	1.59	1.63	1.59	1.62
优质籼米	1.88	1.90	1.87	1.85	1.90
粳　米	1.90	1.92	1.93	1.90	1.93
面　粉	1.73	1.72	1.71	1.71	1.73
棉花（籽棉）	2.89	2.96	3.07	3.24	3.04
花生仁	4.06	4.09	4.10	4.03	4.23
油菜籽	2.02	1.90	1.86	1.78	
花生油	7.72	7.85	7.77	7.45	7.78
菜籽油	5.63	5.66	5.56	5.60	5.51
豆　油	5.22	5.28	5.24	5.19	5.23
烤　烟	7.52	7.51	7.73	8.08	7.93
活　猪	5.80	5.81	5.51	5.31	5.39
仔　猪	7.42	7.59	7.68	7.53	7.35
猪　肉	10.09	10.17	9.78	9.51	9.60
牛　肉	13.35	13.65	13.34	12.99	13.35
羊　肉	15.14	15.47	15.05	15.01	15.09
活　鸡	8.35	8.86	8.38	8.41	8.26
鸡　蛋	5.69	5.61	5.28	5.21	5.39
草　鱼	7.11	7.30	7.13	7.10	7.12
鲤　鱼	6.85	6.79	6.64	6.69	6.83
鲢　鱼	5.42	5.53	5.63	5.67	5.74
带　鱼	8.91	9.13	8.83	8.82	8.84
大白菜	0.53	0.55	0.54	0.70	0.75
黄　瓜	2.56	2.82	2.25	1.79	1.54
西红柿	2.48	2.58	2.34	2.11	1.80
菜　椒	3.14	3.40	2.89	2.62	2.33
四季豆	3.26	3.67	3.27	2.94	2.35
红富士苹果	2.66	2.74	2.77	3.02	3.05
香　蕉	3.06	3.32	3.34	3.32	3.12
橙　子	2.66	3.02	2.94	2.82	2.90

6月	7月	8月	9月	10月	11月	12月
1.07	1.05	1.04	1.05	1.02	1.02	1.03
1.19	1.17	1.16	1.16	1.14	1.14	1.15
1.18	1.16	1.16	1.16	1.13	1.10	1.11
1.03	1.04	1.06	1.05	1.02	1.05	1.05
1.06	1.06	1.06	1.05	0.97	1.00	1.02
2.37	2.37	2.38	2.42	2.42	2.46	2.52
1.63	1.62	1.63	1.63	1.62	1.61	1.63
1.91	1.90	1.92	1.93	1.91	1.91	1.93
1.94	1.92	1.93	1.96	1.93	1.90	1.91
1.71	1.71	1.71	1.72	1.67	1.70	1.71
3.14	3.16	3.11	3.48	3.93	4.11	4.12
4.40	4.40	4.43	4.54	4.39	4.50	4.64
1.86	1.93	1.88	1.94	1.95	2.01	2.06
7.83	7.80	7.87	8.25	7.86	8.13	8.20
5.53	5.56	5.77	6.10	6.10	6.15	6.28
5.26	5.36	5.62	5.88	5.72	5.82	6.18
8.20	8.02	7.96	7.89	6.95	6.92	7.65
5.31	5.35	5.58	5.60	5.62	5.70	5.79
7.22	7.09	7.33	7.29	7.36	7.27	7.35
9.60	9.60	9.93	9.96	9.91	9.97	10.12
13.52	13.36	13.65	13.85	14.02	14.30	14.60
14.83	14.72	15.07	15.19	15.19	15.37	15.78
8.28	8.40	8.32	8.42	8.27	8.34	8.39
5.34	5.17	5.59	5.62	5.44	5.39	5.43
7.09	7.30	7.08	7.11	7.00	6.93	6.87
6.95	7.07	7.03	7.00	6.87	6.72	6.62
5.93	5.84	5.98	5.81	5.69	5.64	5.64
8.80	9.19	8.97	9.13	8.86	9.01	8.94
0.87	0.97	0.99	1.05	0.75	0.64	0.71
1.03	0.90	1.23	1.36	1.52	2.12	2.62
1.38	1.17	1.30	1.52	1.63	1.98	2.30
1.46	1.16	1.45	1.56	1.84	2.13	2.49
1.65	1.45	1.90	1.98	2.03	2.50	2.79
3.38	3.20	3.02	2.93	2.73	2.76	2.90
2.81	2.49	2.61	2.67	2.70	2.69	2.77
3.02	2.91	2.97	2.98	2.91	2.60	2.83

3－14 续表

品　　种	1月	2月	3月	4月	5月
二、指数					
（上月＝10）					
籼　　稻	92.80	100.16	104.57	99.86	101.93
优质籼稻	89.27	100.13	105.37	99.62	100.84
粳　　稻	90.13	100.67	102.48	98.52	99.97
小　　麦	95.82	99.46	100.80	99.05	100.09
玉　　米	97.34	100.78	100.60	99.40	102.80
大　　豆	100.24	97.98	99.24	101.96	101.68
籼　　米		100.50	103.01	97.19	101.78
优质籼米		100.75	98.47	99.15	102.60
粳　　米		101.11	100.15	98.51	101.88
面　　粉		99.83	99.06	99.91	101.21
棉花（籽棉）	99.53	102.50	103.50	105.63	93.74
花生仁		100.84	100.23	98.35	104.95
油菜籽		94.24	97.92	95.68	101.43
花生油	100.01	101.62	98.98	95.95	104.35
菜籽油	98.74	100.54	98.12	100.77	98.36
豆　　油	98.56	101.30	99.25	98.96	100.71
烤　　烟		99.90	102.94	104.51	98.22
活　　猪	96.92	100.25	94.88	96.32	101.38
仔　　猪	99.68	102.35	101.12	98.04	97.61
猪　　肉	97.66	100.72	96.17	97.26	100.97
牛　　肉	101.37	102.22	97.72	97.35	102.78
羊　　肉	101.08	102.20	97.26	99.73	100.56
活　　鸡		106.08	94.58	100.38	98.22
鸡　　蛋	105.74	98.57	94.08	98.79	103.32
草　　鱼	98.46	102.59	97.69	99.66	100.28
鲤　　鱼	95.65	99.07	97.83	100.77	101.97
鲢　　鱼		102.15	101.68	100.81	101.22
带　　鱼		102.46	96.71	99.95	100.23
大白菜		104.14	97.78	130.74	106.79
黄　　瓜		110.13	79.76	79.90	86.12
西红柿		104.18	90.51	90.27	85.20
菜　　椒		108.34	85.12	90.48	89.17
四季豆		112.30	89.17	90.02	80.01
红富士苹果		103.14	101.04	109.18	100.85
香　　蕉		108.67	100.61	99.29	93.84
橙　　子		113.67	97.27	95.81	102.80

6月	7月	8月	9月	10月	11月	12月
99.67	98.84	98.52	101.22	97.39	100.08	100.86
99.01	98.69	98.62	100.28	98.56	99.55	100.86
100.60	98.25	100.01	100.03	97.39	97.61	101.34
96.43	100.20	101.84	99.11	97.84	102.47	100.51
102.47	99.82	99.68	99.59	91.89	103.69	101.47
100.19	100.10	100.27	101.91	99.78	101.64	102.59
100.72	99.70	100.66	99.54	99.83	99.29	100.99
100.66	99.20	100.93	100.92	98.57	100.03	101.13
100.25	99.07	100.39	101.49	98.74	98.08	101.02
99.27	99.65	100.04	100.77	97.03	101.53	100.75
103.35	100.80	98.29	111.78	112.98	104.66	100.22
103.88	100.10	100.75	102.29	96.76	102.45	103.26
103.03	103.90	97.32	103.00	100.41	103.47	102.24
100.66	99.71	100.90	104.79	95.29	103.40	100.86
100.39	100.50	103.82	105.70	99.95	100.93	102.15
100.61	101.93	104.76	104.67	97.27	101.87	106.18
103.36	97.75	99.31	99.16	88.05	99.59	110.58
98.61	100.76	104.22	100.42	100.39	101.46	101.44
98.20	98.32	103.32	99.50	100.85	98.80	101.09
99.97	100.06	103.35	100.38	99.43	100.60	101.58
102.14	101.52	101.21	101.98	102.11		
98.26	99.29	102.35	100.82	99.98	101.19	102.64
100.25	101.40	99.10	101.24	98.10	100.86	100.65
99.07	96.87	108.19	100.55	96.74	99.00	100.82
99.61	102.93	96.88	100.54	98.34	99.01	99.23
101.79	101.77	99.45	99.59	98.08	97.88	98.46
103.24	98.57	102.29	97.27	97.83	99.23	99.89
99.51	104.47	97.54	101.81	97.09	101.64	99.21
115.95	111.16	102.61	106.42	71.48	84.55	111.73
66.42	87.38	137.54	110.20	111.79	139.74	123.59
76.49	85.25	111.20	116.82	107.31	121.17	116.15
62.52	79.32	125.23	107.43	118.46	115.22	117.31
70.06	87.82	130.85	104.62	102.21	123.34	111.47
110.81	94.78	94.47	97.04	92.98	101.19	105.13
90.29	88.55	104.71	102.39	101.20	99.68	102.74
104.33	96.27	102.13	100.14	97.79	89.35	108.70

3－15　2003 年全国农产品

（按月分）

品　　种	1 月	2 月	3 月	4 月	5 月
一、价格					
（元/公斤）					
籼　　稻	1.06	1.05	1.05	1.04	1.05
优质籼稻	1.20	1.23	1.23	1.20	1.20
粳　　稻	1.12	1.13	1.17	1.18	1.15
小　　麦	1.13	1.12	1.10	1.10	1.10
玉　　米	1.05	1.06	1.08	1.10	1.13
大　　豆	2.72	2.71	2.80	2.87	2.91
籼　　米	1.73	1.73	1.73	1.73	1.73
优质籼米	2.04	2.03	2.04	2.05	2.05
粳　　米	1.97	1.98	1.94	1.98	1.97
面　　粉	1.78	1.80	1.76	1.76	1.76
棉花（籽棉）	4.11	4.23	4.32	4.38	4.44
花 生 仁	5.02	5.05	5.25	5.41	5.54
油 菜 籽	2.24	2.29	2.14	2.12	2.26
花 生 油	8.79	8.88	8.89	9.06	9.15
菜 籽 油	6.35	6.35	6.53	6.53	6.58
豆　　油	6.28	6.28	6.36	6.53	6.58
烤　　烟	7.86	8.15	8.56	8.35	8.68
活　　猪	5.91	5.74	5.67	5.63	5.56
仔　　猪	7.52	7.52	7.58	7.45	7.25
猪　　肉	10.20	10.03	9.91	9.87	9.82
牛　　肉	14.93	14.86	14.67	14.67	14.55
羊　　肉	16.42	16.34	16.19	15.97	15.74
活　　鸡	9.14	8.70	8.52	8.44	8.30
鸡　　蛋	5.51	5.29	5.05	5.06	4.99
草　　鱼	7.26	7.06	7.08	7.15	7.17
鲤　　鱼	7.01	6.83	6.73	6.83	6.90
鲢　　鱼	5.69	5.41	5.42	5.57	5.63
带　　鱼	9.66	9.46	9.31	9.36	9.33
大 白 菜	0.81	0.88	1.17	1.36	0.96
黄　　瓜	3.35	2.99	2.84	2.38	1.39
西 红 柿	2.77	2.87	3.02	2.82	1.99
菜　　椒	3.58	3.43	3.81	3.94	2.47
四 季 豆	3.60	3.81	4.02	3.59	2.42
红富士苹果	3.17	3.13	3.10	3.19	3.42
香　　蕉	3.10	3.15	3.15	3.12	3.05
橙　　子	3.28	3.15	3.09	3.22	3.21

集贸市场价格及走势

6月	7月	8月	9月	10月	11月	12月
1.04	1.04	1.05	1.05	1.07	1.19	1.21
1.22	1.21	1.21	1.23	1.25	1.41	1.39
1.16	1.16	1.17	1.18	1.24	1.36	1.36
1.09	1.08	1.08	1.10	1.14	1.26	1.34
1.14	1.13	1.15	1.16	1.16	1.25	1.28
2.90	2.91	2.94	2.94	3.06	3.40	3.38
1.74	1.75	1.75	1.77	1.80	1.98	2.00
2.05	2.04	2.04	2.05	2.09	2.33	2.37
1.95	1.96	1.97	1.98	2.03	2.25	2.24
1.75	1.75	1.75	1.76	1.80	2.01	2.11
4.34	4.42	4.46	4.85	5.90	6.28	5.88
5.60	5.56	5.65	5.67	5.83	6.21	6.33
2.28	2.36	2.38	2.44	2.54	2.87	2.84
9.09	9.12	9.16	9.24	9.92	10.78	11.10
6.64	6.68	6.71	6.76	7.25	7.93	7.94
6.45	6.49	6.52	6.56	7.47	7.67	7.68
8.83	8.79	8.57	8.61	8.47	8.74	8.87
5.53	5.78	6.00	6.25	6.74	7.23	7.34
7.34	7.51	7.81	8.13	8.60	9.12	9.02
9.83	10.19	10.56	10.98	11.79	12.59	12.55
14.72	14.78	14.90	15.04	15.30	15.74	15.77
15.87	15.89	15.95	16.02	16.25	16.60	16.68
8.34	8.52	8.70	8.88	9.08	9.52	9.48
4.96	4.93	5.23	5.52	5.66	6.14	6.09
7.24	7.30	7.30	7.25	7.30	7.43	7.34
6.96	7.05	7.15	7.14	7.14	7.20	7.16
5.73	5.72	5.75	5.87	5.85	5.93	5.85
9.19	9.17	9.28	9.20	9.44	9.40	9.22
0.83	0.94	1.15	1.19	1.02	0.92	0.89
0.92	0.89	1.38	1.53	1.94	2.33	2.88
1.35	1.08	1.45	1.72	2.14	2.49	2.76
1.64	1.33	1.59	1.94	2.24	2.63	2.87
1.52	1.37	1.83	2.12	2.30	2.65	3.08
3.65	3.83	3.86	3.56	3.16	3.07	3.03
2.98	2.90	2.95	3.15	3.15	3.31	3.35
3.46	3.37	3.62	3.98	3.67	3.44	3.48

3－15 续表

品　　种	1月	2月	3月	4月	5月
二、指数（上月＝100）					
籼　　稻	102.31	99.67	99.38	99.48	101.14
优质籼稻	105.01	101.97	100.03	97.72	100.34
粳　　稻	100.15	101.13	104.06	100.86	97.07
小　　麦	107.39	99.15	97.67	100.48	100.15
玉　　米	102.91	101.03	101.86	102.01	102.97
大　　豆	107.81	99.79	103.14	102.54	101.60
籼　　米	105.90	100.08	100.12	100.27	99.87
优质籼米	105.69	99.60	100.49	100.43	100.15
粳　　米	102.71	100.68	98.18	101.94	99.58
面　　粉	103.94	101.19	98.20	99.58	99.94
棉花（籽棉）	99.77	102.90	102.17	101.44	101.37
花 生 仁	108.17	100.57	104.01	103.08	102.36
油 菜 籽	108.83	102.19	93.49	98.79	106.84
花 生 油	107.21	100.96	100.17	101.94	100.97
菜 籽 油	101.05	100.03	102.86	99.94	100.79
豆　　油	101.55	100.05	101.25	102.65	100.80
烤　　烟	102.66	103.75	105.06	97.55	103.86
活　　猪	102.09	97.15	98.87	99.22	98.78
仔　　猪	102.43	99.96	100.83	98.27	97.24
猪　　肉	100.76	98.32	98.81	99.62	99.50
牛　　肉	102.28	99.51	98.72	100.04	99.14
羊　　肉	104.09	99.49	99.12	98.64	98.56
活　　鸡	108.97	95.19	97.87	99.05	98.36
鸡　　蛋	101.47	95.97	95.58	100.11	98.55
草　　鱼	105.63	97.31	100.27	100.91	100.36
鲤　　鱼	105.89	97.39	98.66	101.45	101.07
鲢　　鱼	100.87	95.14	100.22	102.70	101.13
带　　鱼	108.06	97.91	98.41	100.56	99.67
大 白 菜	113.80	109.05	132.44	116.14	70.58
黄　　瓜	127.67	89.33	94.79	83.93	58.22
西 红 柿	120.29	103.66	105.33	93.47	70.49
菜　　椒	143.48	95.81	111.25	103.30	62.78
四 季 豆	129.33	105.58	105.54	89.40	67.52
红富士苹果	109.32	98.60	99.01	102.93	107.23
香　　蕉	112.15	101.33	99.99	99.31	97.77
橙　　子	116.00	95.95	98.39	104.21	99.49

6月	7月	8月	9月	10月	11月	12月
99.22	100.00	100.15	100.47	101.72	111.81	101.43
101.19	99.62	99.95	100.97	101.80	113.03	98.83
101.08	99.78	100.55	101.38	105.02	109.54	99.97
99.07	98.63	100.55	101.55	103.41	110.76	106.15
100.85	99.21	101.49	100.44	100.77	107.16	102.23
99.52	100.38	100.88	100.29	103.91	111.10	99.52
100.63	100.31	100.34	100.93	101.55	110.03	101.41
99.77	99.64	100.19	100.37	101.87	111.72	101.69
98.85	100.36	100.79	100.46	102.58	110.70	99.69
99.71	100.01	99.79	100.85	101.95	112.01	104.96
97.62	101.88	100.89	108.80	121.53	106.49	93.73
101.07	99.19	101.71	100.37	102.82	106.49	101.97
101.02	103.23	101.09	102.56	104.09	112.93	99.01
99.34	100.33	100.40	100.88	107.41	108.63	102.98
100.95	100.49	100.45	100.86	107.17	109.33	100.11
98.03	100.65	100.45	100.49	113.88	102.69	100.16
101.78	99.52	97.54	100.44	98.34	103.20	101.49
99.47	104.42	103.90	104.20	107.84	107.25	101.44
101.32	102.26	103.99	104.14	105.81	106.03	98.87
100.11	103.61	103.63	104.00	107.38	106.77	99.70
101.20	100.39	100.82	100.94	101.69	102.89	100.19
100.83	100.08	100.42	100.45	101.42	102.16	100.46
100.45	102.16	102.14	102.06	102.28	104.87	99.52
99.59	99.21	106.15	105.66	102.46	108.51	99.18
100.94	100.82	100.01	99.32	100.63	101.87	98.79
100.84	101.19	101.42	99.92	99.97	100.85	99.48
101.70	99.83	100.61	102.08	99.62	101.42	98.66
98.50	99.86	101.17	99.14	102.62	99.50	98.19
86.29	113.41	122.87	102.87	86.37	89.76	96.66
66.33	96.50	156.06	110.32	126.72	120.47	123.53
67.58	79.92	134.77	118.84	124.40	116.33	110.91
66.47	80.85	119.54	121.98	115.64	117.34	109.06
62.72	89.85	133.98	115.67	108.65	115.07	116.54
106.86	104.83	100.72	92.19	88.77	97.15	98.95
97.71	97.04	101.90	106.75	100.00	105.16	101.21
107.93	97.21	107.59	109.98	92.08	93.66	101.40

3－16　2002年1月全国农产品集贸市场价格走势

品　　种	标　　准	价 格 元/公斤	价格走势		
			本月比上月 上月＝100	本月比上年同月 上年同月＝100	1－1月比上年同期 上年同期＝100
籼　　稻	中　　等	1.00	92.80	98.63	98.63
优质籼稻	中　　等	1.13	89.27	93.25	93.25
粳　　稻	中　　等	1.15	90.13	92.26	92.26
小　　麦	中　　等	1.08	95.82	101.54	101.54
玉　　米	中　　等	1.00	97.34	103.10	103.10
大　　豆	中　　等	2.34	100.24	95.11	95.11
籼　　米	中　　等	1.58			
优质籼米	中　　等	1.88			
粳　　米	中　　等	1.90			
面　　粉	标 准 粉	1.73			
棉花(籽棉)	中 准 级	2.89	99.53	77.47	77.47
花 生 仁	中　　等	4.06			
油 菜 籽	普　　通	2.02			
花 生 油	普　　通	7.72	100.01	95.28	95.28
菜 籽 油	普　　通	5.63	98.74	91.32	91.32
豆　　油	普　　通	5.22	98.56	94.43	94.43
烤　　烟	中　　等	7.52			
活　　猪	中　　等	5.80	96.92	97.98	97.98
仔　　猪	普　　通	7.42	99.68	97.78	97.78
猪　　肉	去骨统肉	10.09	97.66	94.94	94.94
牛　　肉	去骨统肉	13.35	101.37	99.56	99.56
羊　　肉	去骨统肉	15.14	101.08	100.49	100.49
活　　鸡	普通肉鸡	8.35			
鸡　　蛋	普通鲜蛋	5.69	105.74	110.34	110.34
草　　鱼	0.5～1公斤	7.11	98.46	96.87	96.87
鲤　　鱼	0.5～1公斤	6.85	95.65	87.87	87.87
鲢　　鱼	0.5～1公斤	5.42			
带　　鱼	0.5～1公斤	8.91			
大 白 菜	中　　等	0.53			
黄　　瓜	中　　等	2.56			
西 红 柿	中　　等	2.48			
菜　　椒	中　　等	3.14			
四 季 豆	中　　等	3.26			
红富士苹果	中　　等	2.66			
香　　蕉	中　　等	3.06			
橙　　子	中　　等	2.66			

3－17　2002年2月全国农产品集贸市场价格走势

品　　种	标　　准	价格 元/公斤	价格走势 本月比上月 上月＝100	 本月比上年同月 上年同月＝100	 1－2月比上年同期 上年同期＝100
籼　　稻	中　　等	1.00	100.16	98.64	98.63
优质籼稻	中　　等	1.13	100.13	94.26	93.75
粳　　稻	中　　等	1.16	100.67	91.25	91.75
小　　麦	中　　等	1.07	99.46	101.25	101.40
玉　　米	中　　等	1.01	100.78	98.30	100.63
大　　豆	中　　等	2.30	97.98	92.40	93.75
籼　　米	中　　等	1.59	100.50		
优质籼米	中　　等	1.90	100.75		
粳　　米	中　　等	1.92	101.11		
面　　粉	标 准 粉	1.72	99.83		
棉花(籽棉)	中 准 级	2.96	102.50	78.85	78.17
花 生 仁	中　　等	4.09	100.84		
油 菜 籽	普　　通	1.90	94.24		
花 生 油	普　　通	7.85	101.62	95.56	95.42
菜 籽 油	普　　通	5.66	100.54	91.48	91.40
豆　　油	普　　通	5.28	101.30	93.19	93.80
烤　　烟	中　　等	7.51	99.90		
活　　猪	中　　等	5.81	100.25	97.85	97.91
仔　　猪	普　　通	7.59	102.35	96.34	97.05
猪　　肉	去骨统肉	10.17	100.72	98.60	96.74
牛　　肉	去骨统肉	13.65	102.22	105.37	102.42
羊　　肉	去骨统肉	15.47	102.20	105.10	102.77
活　　鸡	普通肉鸡	8.86	106.08		
鸡　　蛋	普通鲜蛋	5.61	98.57	113.73	112.00
草　　鱼	0.5～1公斤	7.30	102.59	102.04	99.42
鲤　　鱼	0.5～1公斤	6.79	99.07	88.98	88.42
鲢　　鱼	0.5～1公斤	5.53	102.15		
带　　鱼	0.5～1公斤	9.13	102.46		
大 白 菜	中　　等	0.55	104.14		
黄　　瓜	中　　等	2.82	110.13		
西 红 柿	中　　等	2.58	104.18		
菜　　椒	中　　等	3.40	108.34		
四 季 豆	中　　等	3.67	112.30		
红富士苹果	中　　等	2.74	103.14		
香　　蕉	中　　等	3.32	108.67		
橙　　子	中　　等	3.02	113.67		

3－18　2002年3月全国农产品集贸市场价格走势

品　　种	标　　准	价 格 元/公斤	价格走势 本月比上月 上月＝100	本月比上年同月 上年同月＝100	1－3月比上年同期 上年同期＝100
籼　　稻	中　　等	1.05	104.57	103.91	100.39
优质籼稻	中　　等	1.19	105.37	98.64	95.38
粳　　稻	中　　等	1.19	102.48	90.29	91.25
小　　麦	中　　等	1.08	100.80	101.85	101.55
玉　　米	中　　等	1.02	100.60	98.13	99.78
大　　豆	中　　等	2.28	99.24	92.56	93.35
籼　　米	中　　等	1.63	103.01		
优质籼米	中　　等	1.87	98.47		
粳　　米	中　　等	1.93	100.15		
面　　粉	标 准 粉	1.71	99.06		
棉花(籽棉)	中 准 级	3.07	103.50	83.69	79.98
花 生 仁	中　　等	4.10	100.23		
油 菜 籽	普　　通	1.86	97.92		
花 生 油	普　　通	7.77	98.98	93.91	94.91
菜 籽 油	普　　通	5.56	98.12	90.40	91.07
豆　　油	普　　通	5.24	99.25	93.03	93.54
烤　　烟	中　　等	7.73	102.94		
活　　猪	中　　等	5.51	94.88	94.63	96.83
仔　　猪	普　　通	7.68	101.12	97.06	97.05
猪　　肉	去骨统肉	9.78	96.17	96.07	96.52
牛　　肉	去骨统肉	13.34	97.72	104.99	103.25
羊　　肉	去骨统肉	15.05	97.26	102.96	102.83
活　　鸡	普通肉鸡	8.38	94.58	100.00	
鸡　　蛋	普通鲜蛋	5.28	94.08	107.06	110.38
草　　鱼	0.5～1公斤	7.13	97.69	99.42	99.42
鲤　　鱼	0.5～1公斤	6.64	97.83	86.98	87.94
鲢　　鱼	0.5～1公斤	5.63	101.68		
带　　鱼	0.5～1公斤	8.83	96.71		
大 白 菜	中　　等	0.54	97.78		
黄　　瓜	中　　等	2.25	79.76		
西 红 柿	中　　等	2.34	90.51		
菜　　椒	中　　等	2.89	85.12		
四 季 豆	中　　等	3.27	89.17		
红富士苹果	中　　等	2.77	101.04		
香　　蕉	中　　等	3.34	100.61		
橙　　子	中　　等	2.94	97.27		

3-19　2002年4月全国农产品集贸市场价格走势

品　　种	标　　准	价格 元/公斤	价格走势		
			本月比上月 上月=100	本月比上年同月 上年同月=100	1-4月比上年同期 上年同期=100
籼　　稻	中　　等	1.05	99.86	101.05	100.56
优质籼稻	中　　等	1.19	99.62	95.16	95.33
粳　　稻	中　　等	1.17	98.52	91.09	91.21
小　　麦	中　　等	1.07	99.05	99.07	100.92
玉　　米	中　　等	1.01	99.40	93.35	98.09
大　　豆	中　　等	2.32	101.96	94.79	93.71
籼　　米	中　　等	1.59	97.19		
优质籼米	中　　等	1.85	99.15		
粳　　米	中　　等	1.90	98.51		
面　　粉	标 准 粉	1.71	99.91		
棉花(籽棉)	中 准 级	3.24	105.63	84.20	81.06
花 生 仁	中　　等	4.03	98.35		
油 菜 籽	普　　通	1.78	95.68		
花 生 油	普　　通	7.45	95.95	91.34	94.02
菜 籽 油	普　　通	5.60	100.77	90.55	90.94
豆　　油	普　　通	5.19	98.96	90.42	92.75
烤　　烟	中　　等	8.08	104.51		
活　　猪	中　　等	5.31	96.32	92.82	95.85
仔　　猪	普　　通	7.53	98.04	94.53	96.41
猪　　肉	去骨统肉	9.51	97.26	94.64	96.06
牛　　肉	去骨统肉	12.99	97.35	102.49	103.07
羊　　肉	去骨统肉	15.01	99.73	103.26	102.94
活　　鸡	普通肉鸡	8.41	100.38		
鸡　　蛋	普通鲜蛋	5.21	98.79	105.42	109.15
草　　鱼	0.5~1公斤	7.10	99.66	97.96	99.06
鲤　　鱼	0.5~1公斤	6.69	100.77	86.61	87.61
鲢　　鱼	0.5~1公斤	5.67	100.81		
带　　鱼	0.5~1公斤	8.82	99.95		
大 白 菜	中　　等	0.70	130.74		
黄　　瓜	中　　等	1.79	79.90		
西 红 柿	中　　等	2.11	90.27		
菜　　椒	中　　等	2.62	90.48		
四 季 豆	中　　等	2.94	90.02		
红富士苹果	中　　等	3.02	109.18		
香　　蕉	中　　等	3.32	99.29		
橙　　子	中　　等	2.82	95.81		

3－20　2002年5月全国农产品集贸市场价格走势

品　种	标　准	价格 元/公斤	价格走势		
			本月比上月 上月＝100	本月比上年同月 上年同月＝100	1－5月比上年同期 上年同期＝100
籼稻	中等	1.07	101.93	99.15	100.26
优质籼稻	中等	1.20	100.84	93.15	94.87
粳稻	中等	1.17	99.97	89.96	90.96
小麦	中等	1.07	100.09	94.88	99.56
玉米	中等	1.04	102.80	93.18	97.05
大豆	中等	2.36	101.68	94.81	93.93
籼米	中等	1.62	101.78		
优质籼米	中等	1.90	102.60		
粳米	中等	1.93	101.88		
面粉	标准粉	1.73	101.21		
棉花(籽棉)	中准级	3.04	93.74	81.03	81.06
花生仁	中等	4.23	104.95		
油菜籽	普通	1.81	101.43		
花生油	普通	7.78	104.35	95.82	94.38
菜籽油	普通	5.51	98.36	91.83	91.11
豆油	普通	5.23	100.71	94.49	93.09
烤烟	中等	7.93	98.22		
活猪	中等	5.39	101.38	95.79	95.84
仔猪	普通	7.35	97.61	95.18	96.17
猪肉	去骨统肉	9.60	100.97	96.80	96.21
牛肉	去骨统肉	13.35	102.78	104.77	103.40
羊肉	去骨统肉	15.09	100.56	104.64	103.27
活鸡	普通肉鸡	8.26	98.22		
鸡蛋	普通鲜蛋	5.39	103.32	107.25	108.77
草鱼	0.5～1公斤	7.12	100.28	98.88	99.02
鲤鱼	0.5～1公斤	6.83	101.97	89.78	88.04
鲢鱼	0.5～1公斤	5.74	101.22		
带鱼	0.5～1公斤	8.84	100.23		
大白菜	中等	0.75	106.79		
黄瓜	中等	1.54	86.12		
西红柿	中等	1.80	85.20		
菜椒	中等	2.33	89.17		
四季豆	中等	2.35	80.01		
红富士苹果	中等	3.05	100.85		
香蕉	中等	3.12	93.84		
橙子	中等	2.90	102.80		

3－21　2002年6月全国农产品集贸市场价格走势

品　　种	标　　准	价格 元/公斤	价格走势		
			本月比上月 上月＝100	本月比上年同月 上年同月＝100	1－6月比上年同期 上年同期＝100
籼　稻	中　等	1.07	99.67	99.88	100.20
优质籼稻	中　等	1.19	99.01	94.77	94.85
粳　稻	中　等	1.18	100.60	86.20	90.12
小　麦	中　等	1.03	96.43	95.05	98.80
玉　米	中　等	1.06	102.47	96.41	96.93
大　豆	中　等	2.37	100.19	96.38	94.34
籼　米	中　等	1.63	100.72		
优质籼米	中　等	1.91	100.66		
粳　米	中　等	1.94	100.25		
面　粉	标准粉	1.71	99.27		
棉花(籽棉)	中准级	3.14	103.35	82.58	81.31
花生仁	中　等	4.40	103.88		
油菜籽	普　通	1.86	103.03		
花生油	普　通	7.83	100.66	95.58	94.58
菜籽油	普　通	5.53	100.39	92.86	91.40
豆　油	普　通	5.26	100.61	94.07	93.25
烤　烟	中　等	8.20	103.36		
活　猪	中　等	5.31	98.61	94.83	95.67
仔　猪	普　通	7.22	98.20	92.90	95.63
猪　肉	去骨统肉	9.60	99.97	97.89	96.48
牛　肉	去骨统肉	13.52	101.34	106.83	103.96
羊　肉	去骨统肉	14.83	98.26	103.04	103.23
活　鸡	普通肉鸡	8.28	100.25		
鸡　蛋	普通鲜蛋	5.34	99.07	105.03	108.14
草　鱼	0.5～1公斤	7.09	99.61	96.72	98.63
鲤　鱼	0.5～1公斤	6.95	101.79	89.99	88.37
鲢　鱼	0.5～1公斤	5.93	103.24		
带　鱼	0.5～1公斤	8.80	99.51		
大白菜	中　等	0.87	115.95		
黄　瓜	中　等	1.03	66.42		
西红柿	中　等	1.38	76.49		
菜　椒	中　等	1.46	62.52		
四季豆	中　等	1.65	70.06		
红富士苹果	中　等	3.38	110.81		
香　蕉	中　等	2.81	90.29		
橙　子	中　等	3.02	104.33		

3－22　2002年7月全国农产品集贸市场价格走势

品种	标准	价格 元/公斤	价格走势		
			本月比上月 上月＝100	本月比上年同月 上年同月＝100	1－7月比上年同期 上年同期＝100
籼稻	中等	1.05	98.84	98.15	99.90
优质籼稻	中等	1.17	98.69	93.12	94.60
粳稻	中等	1.16	98.25	87.29	89.71
小麦	中等	1.04	100.20	95.29	98.30
玉米	中等	1.06	99.82	92.30	96.22
大豆	中等	2.37	100.10	97.98	94.85
籼米	中等	1.62	99.70		
优质籼米	中等	1.90	99.20		
粳米	中等	1.92	99.07		
面粉	标准粉	1.71	99.65		
棉花(籽棉)	中准级	3.16	100.80	81.33	81.32
花生仁	中等	4.40	100.10		
油菜籽	普通	1.93	103.90		
花生油	普通	7.80	99.71	96.52	94.85
菜籽油	普通	5.56	100.50	93.97	91.75
豆油	普通	5.36	101.93	98.95	94.04
烤烟	中等	8.02	97.75	100.00	
活猪	中等	5.35	100.76	95.17	95.60
仔猪	普通	7.09	98.32	95.11	95.55
猪肉	去骨统肉	9.60	100.06	96.81	96.52
牛肉	去骨统肉	13.36	98.78	105.03	104.12
羊肉	去骨统肉	14.72	99.29	103.53	103.27
活鸡	普通肉鸡	8.40	101.40		
鸡蛋	普通鲜蛋	5.17	96.87	100.49	107.02
草鱼	0.5～1公斤	7.30	102.93	100.37	98.88
鲤鱼	0.5～1公斤	7.07	101.77	94.44	89.21
鲢鱼	0.5～1公斤	5.84	98.57		
带鱼	0.5～1公斤	9.19	104.47		
大白菜	中等	0.97	111.16		
黄瓜	中等	0.90	87.38		
西红柿	中等	1.17	85.25		
菜椒	中等	1.16	79.32		
四季豆	中等	1.45	87.82		
红富士苹果	中等	3.20	94.78		
香蕉	中等	2.49	88.55		
橙子	中等	2.91	96.27		

3－23 2002年8月全国农产品集贸市场价格走势

品种	标准	价格 元/公斤	价格走势		
			本月比上月 上月＝100	本月比上年同月 上年同月＝100	1－8月比上年同期 上年同期＝100
籼稻	中等	1.04	98.52	97.48	99.59
优质籼稻	中等	1.16	98.62	94.43	94.58
粳稻	中等	1.16	100.01	86.19	89.26
小麦	中等	1.06	101.84	96.92	98.13
玉米	中等	1.06	99.68	93.56	95.87
大豆	中等	2.38	100.27	98.42	95.29
籼米	中等	1.63	100.66		
优质籼米	中等	1.92	100.93		
粳米	中等	1.93	100.39		
面粉	标准粉	1.71	100.04		
棉花(籽棉)	中准级	3.11	98.29	82.27	81.43
花生仁	中等	4.43	100.75		
油菜籽	普通	1.88	97.32		
花生油	普通	7.87	100.90	99.14	95.38
菜籽油	普通	5.77	103.82	96.89	92.38
豆油	普通	5.62	104.76	103.07	95.15
烤烟	中等	7.96	99.31		
活猪	中等	5.58	104.22	97.19	95.80
仔猪	普通	7.33	103.32	96.63	95.69
猪肉	去骨统肉	9.93	103.35	98.00	96.71
牛肉	去骨统肉	13.65	102.14	108.28	104.63
羊肉	去骨统肉	15.07	102.35	104.56	103.43
活鸡	普通肉鸡	8.32	99.10		
鸡蛋	普通鲜蛋	5.59	108.19	102.91	106.47
草鱼	0.5～1公斤	7.08	96.88	97.12	98.66
鲤鱼	0.5～1公斤	7.03	99.45	93.35	89.72
鲢鱼	0.5～1公斤	5.98	102.29		
带鱼	0.5～1公斤	8.97	97.54		
大白菜	中等	0.99	102.61		
黄瓜	中等	1.23	137.54		
西红柿	中等	1.30	111.20		
菜椒	中等	1.45	125.23		
四季豆	中等	1.90	130.85		
红富士苹果	中等	3.02	94.47		
香蕉	中等	2.61	104.71		
橙子	中等	2.97	102.13		

3－24　2002年9月全国农产品集贸市场价格走势

品　　种	标　　准	价格 元/公斤	价格走势		
			本月比上月 上月＝100	本月比上年同月 上年同月＝100	1－9月比上年同期 上年同期＝100
籼　　稻	中　　等	1.05	101.22	98.05	99.41
优质籼稻	中　　等	1.16	100.28	93.40	94.45
粳　　稻	中　　等	1.16	100.03	83.44	88.58
小　　麦	中　　等	1.05	99.11	93.01	97.54
玉　　米	中　　等	1.05	99.59	92.92	95.53
大　　豆	中　　等	2.42	101.91	98.90	95.69
籼　　米	中　　等	1.63	99.54		
优质籼米	中　　等	1.93	100.92		
粳　　米	中　　等	1.96	101.49		
面　　粉	标 准 粉	1.72	100.77		
棉花(籽棉)	中 准 级	3.48	111.78	102.22	83.54
花 生 仁	中　　等	4.54	102.29		
油 菜 籽	普　　通	1.94	103.00		
花 生 油	普　　通	8.25	104.79	104.09	96.32
菜 籽 油	普　　通	6.10	105.70	104.32	93.67
豆　　油	普　　通	5.88	104.67	108.42	96.59
烤　　烟	中　　等	7.89	99.16		
活　　猪	中　　等	5.60	100.42	95.36	95.75
仔　　猪	普　　通	7.29	99.50	96.24	95.75
猪　　肉	去骨统肉	9.96	100.38	96.56	96.69
牛　　肉	去骨统肉	13.85	101.52	108.59	105.07
羊　　肉	去骨统肉	15.19	100.82	106.67	103.79
活　　鸡	普通肉鸡	8.42	101.24		
鸡　　蛋	普通鲜蛋	5.62	100.55	101.47	105.87
草　　鱼	0.5～1公斤	7.11	100.54	97.83	98.57
鲤　　鱼	0.5～1公斤	7.00	99.59	93.91	90.18
鲢　　鱼	0.5～1公斤	5.81	97.27		
带　　鱼	0.5～1公斤	9.13	101.81		
大 白 菜	中　　等	1.05	106.42		
黄　　瓜	中　　等	1.36	110.20		
西 红 柿	中　　等	1.52	116.82		
菜　　椒	中　　等	1.56	107.43		
四 季 豆	中　　等	1.98	104.62		
红富士苹果	中　　等	2.93	97.04		
香　　蕉	中　　等	2.67	102.39		
橙　　子	中　　等	2.98	100.14		

3－25　2002年10月全国农产品集贸市场价格走势

品　　种	标　　准	价　格 元/公斤	价格走势 本月比上月 上月＝100	本月比上年同月 上年同月＝100	1－10月比上年同期 上年同期＝100
籼　　稻	中　　等	1.02	97.39	96.42	99.11
优质籼稻	中　　等	1.14	98.56	91.85	94.19
粳　　稻	中　　等	1.13	97.39	85.59	88.28
小　　麦	中　　等	1.02	97.84	91.48	96.92
玉　　米	中　　等	0.97	91.89	87.85	94.75
大　　豆	中　　等	2.42	99.78	100.52	96.16
籼　　米	中　　等	1.62	99.83		
优质籼米	中　　等	1.91	98.57		
粳　　米	中　　等	1.93	98.74		
面　　粉	标 准 粉	1.67	97.03		
棉花(籽棉)	中 准 级	3.93	112.98	122.62	86.94
花 生 仁	中　　等	4.39	96.76		
油 菜 籽	普　　通	1.95	100.41		
花 生 油	普　　通	7.86	95.29	100.19	96.70
菜 籽 油	普　　通	6.10	99.95	104.16	94.69
豆　　油	普　　通	5.72	97.27	105.49	97.46
烤　　烟	中　　等	6.95	88.05		
活　　猪	中　　等	5.62	100.39	96.12	95.79
仔　　猪	普　　通	7.36	100.85	99.44	96.10
猪　　肉	去骨统肉	9.91	99.43	96.17	96.64
牛　　肉	去骨统肉	14.02	101.21	109.00	105.46
羊　　肉	去骨统肉	15.19	99.98	103.32	103.74
活　　鸡	普通肉鸡	8.27	98.10		
鸡　　蛋	普通鲜蛋	5.44	96.74	99.91	105.24
草　　鱼	0.5～1公斤	7.00	98.34	97.22	98.43
鲤　　鱼	0.5～1公斤	6.87	98.08	93.88	90.54
鲢　　鱼	0.5～1公斤	5.69	97.83		
带　　鱼	0.5～1公斤	8.86	97.09		
大 白 菜	中　　等	0.75	71.48		
黄　　瓜	中　　等	1.52	111.79		
西 红 柿	中　　等	1.63	107.31		
菜　　椒	中　　等	1.84	118.46		
四 季 豆	中　　等	2.03	102.21		
红富士苹果	中　　等	2.73	92.98		
香　　蕉	中　　等	2.70	101.20		
橙　　子	中　　等	2.91	97.79		

3－26　2002年11月全国农产品集贸市场价格走势

品　　种	标　　准	价格 元/公斤	价格走势		
			本月比上月 上月＝100	本月比上年同月 上年同月＝100	1－11月比上年同期 上年同期＝100
籼　　稻	中　　等	1.02	100.08	96.97	98.92
优质籼稻	中　　等	1.14	99.55	91.20	93.92
粳　　稻	中　　等	1.10	97.61	85.80	88.06
小　　麦	中　　等	1.05	102.47	94.85	96.73
玉　　米	中　　等	1.00	103.27	102.45	94.84
大　　豆	中　　等	2.46	101.64	104.26	96.87
籼　　米	中　　等	1.61	99.29		
优质籼米	中　　等	1.91	100.03		
粳　　米	中　　等	1.90	98.08		
面　　粉	标准粉	1.70	101.53		
棉花(籽棉)	中准级	4.11	104.66	141.91	90.95
花生仁	中　　等	4.50	102.45		
油菜籽	普　　通	2.01	103.47		
花生油	普　　通	8.13	103.40	103.19	97.28
菜籽油	普　　通	6.15	100.93	104.60	95.57
豆　　油	普　　通	5.82	101.87	108.62	98.44
烤　　烟	中　　等	6.92	99.59		
活　　猪	中　　等	5.70	101.46	96.43	95.85
仔　　猪	普　　通	7.27	98.80	97.89	96.26
猪　　肉	去骨统肉	9.97	100.60	96.58	96.63
牛　　肉	去骨统肉	14.30	101.98	109.31	105.82
羊　　肉	去骨统肉	15.37	101.19	105.16	103.87
活　　鸡	普通肉鸡	8.34	100.86		
鸡　　蛋	普通鲜蛋	5.39	99.00	101.07	104.85
草　　鱼	0.5～1公斤	6.93	99.01	96.92	98.30
鲤　　鱼	0.5～1公斤	6.72	97.88	93.79	90.82
鲢　　鱼	0.5～1公斤	5.64	99.23		
带　　鱼	0.5～1公斤	9.01	101.64		
大白菜	中　　等	0.64	84.55		
黄　　瓜	中　　等	2.12	139.74		
西红柿	中　　等	1.98	121.17		
菜　　椒	中　　等	2.13	115.22		
四季豆	中　　等	2.50	123.34		
红富士苹果	中　　等	2.76	101.19		
香　　蕉	中　　等	2.69	99.68		
橙　　子	中　　等	2.60	89.35		

3－27　2002年12月全国农产品集贸市场价格走势

品　　种	标　　准	价格 元/公斤	价格走势 本月比上月 上月＝100	 本月比上年同月 上年同月＝100	 1－12月比上年同期 上年同期＝100
籼　　稻	中　　等	1.03	100.86	95.55	98.63
优质籼稻	中　　等	1.15	100.86	90.49	93.62
粳　　稻	中　　等	1.11	101.34	87.26	87.99
小　　麦	中　　等	1.05	100.51	93.59	96.46
玉　　米	中　　等	1.02	101.47	99.01	95.18
大　　豆	中　　等	2.52	102.59	107.75	97.75
籼　　米	中　　等	1.63	100.99		
优质籼米	中　　等	1.93	101.13		
粳　　米	中　　等	1.91	101.02		
面　　粉	标 准 粉	1.71	100.75		
棉花（籽棉）	中 准 级	4.12	100.22	141.81	94.41
花 生 仁	中　　等	4.64	103.26		
油 菜 籽	普　　通	2.06	102.24		
花 生 油	普　　通	8.20	100.86	106.23	97.99
菜 籽 油	普　　通	6.28	102.15	110.13	96.73
豆　　油	普　　通	6.18	106.18	116.84	99.92
烤　　烟	中　　等	7.65	110.58		
活　　猪	中　　等	5.79	101.44	96.73	95.92
仔　　猪	普　　通	7.35	101.09	98.69	96.46
猪　　肉	去骨统肉	10.12	101.58	97.96	96.74
牛　　肉	去骨统肉	14.60	102.11	110.83	106.25
羊　　肉	去骨统肉	15.78	102.64	105.34	103.99
活　　鸡	普通肉鸡	8.39	100.65		
鸡　　蛋	普通鲜蛋	5.43	100.82	100.88	104.51
草　　鱼	0.5～1公斤	6.87	99.23	95.15	98.04
鲤　　鱼	0.5～1公斤	6.62	98.46	92.37	90.94
鲢　　鱼	0.5～1公斤	5.64	99.89		
带　　鱼	0.5～1公斤	8.94	99.21		
大 白 菜	中　　等	0.71	111.73		
黄　　瓜	中　　等	2.62	123.59		
西 红 柿	中　　等	2.30	116.15		
菜　　椒	中　　等	2.49	117.31		
四 季 豆	中　　等	2.79	111.47		
红富士苹果	中　　等	2.90	105.13		
香　　蕉	中　　等	2.77	102.74		
橙　　子	中　　等	2.83	108.70		

3－28　2003年1月全国农产品集贸市场价格走势

品　　种	标　　准	价格 元/公斤	价格走势 本月比上月 上月＝100	本月比上年同月 上年同月＝100	1－1月比上年同期 上年同期＝100
籼　　稻	中　　等	1.06	102.31	105.34	105.34
优质籼稻	中　　等	1.20	105.01	106.44	106.44
粳　　稻	中　　等	1.12	100.15	96.95	96.95
小　　麦	中　　等	1.13	107.39	104.89	104.89
玉　　米	中　　等	1.05	102.91	104.68	104.68
大　　豆	中　　等	2.72	107.81	115.89	115.89
籼　　米	中　　等	1.73	105.90	109.25	109.25
优质籼米	中　　等	2.04	105.69	108.17	108.17
粳　　米	中　　等	1.97	102.71	103.33	103.33
面　　粉	标 准 粉	1.78	103.94	102.88	102.88
棉花(籽棉)	中 准 级	4.11	99.77	142.16	142.16
花 生 仁	中　　等	5.02	108.17	123.78	123.78
油 菜 籽	普　　通	2.24	108.83	111.08	111.08
花 生 油	普　　通	8.79	107.21	113.88	113.88
菜 籽 油	普　　通	6.35	101.05	112.71	112.71
豆　　油	普　　通	6.28	101.55	120.38	120.38
烤　　烟	中　　等	7.86	102.66	104.55	104.55
活　　猪	中　　等	5.91	102.09	101.89	101.89
仔　　猪	普　　通	7.52	102.43	101.42	101.42
猪　　肉	去骨统肉	10.20	100.76	101.06	101.06
牛　　肉	去骨统肉	14.93	102.28	111.83	111.83
羊　　肉	去骨统肉	16.42	104.09	108.48	108.48
活　　鸡	普通肉鸡	9.14	108.97	109.49	109.49
鸡　　蛋	普通鲜蛋	5.51	101.47	96.81	96.81
草　　鱼	0.5～1公斤	7.26	105.63	102.08	102.08
鲤　　鱼	0.5～1公斤	7.01	105.89	102.26	102.26
鲢　　鱼	0.5～1公斤	5.69	100.87	104.95	104.95
带　　鱼	0.5～1公斤	9.66	108.06	108.42	108.42
大 白 菜	中　　等	0.81	113.80	153.77	153.77
黄　　瓜	中　　等	3.35	127.67	131.05	131.05
西 红 柿	中　　等	2.77	120.29	111.60	111.60
菜　　椒	中　　等	3.58	143.48	114.05	114.05
四 季 豆	中　　等	3.60	129.33	110.43	110.43
红富士苹果	中　　等	3.17	109.32	119.45	119.45
香　　蕉	中　　等	3.10	112.15	101.49	101.49
橙　　子	中　　等	3.28	116.00	123.25	123.25

3－29 2003年2月全国农产品集贸市场价格走势

品　　种	标　　准	价格 元/公斤	价格走势 本月比上月 上月＝100	本月比上年同月 上年同月＝100	1－2月比上年同期 上年同期＝100
籼　稻	中　等	1.05	99.67	104.83	105.08
优质籼稻	中　等	1.23	101.97	108.39	107.42
粳　稻	中　等	1.13	101.13	97.39	97.17
小　麦	中　等	1.12	99.15	104.57	104.73
玉　米	中　等	1.06	101.03	104.94	104.81
大　豆	中　等	2.71	99.79	118.03	116.95
籼　米	中　等	1.73	100.08	108.79	109.02
优质籼米	中　等	2.03	99.60	106.94	107.55
粳　米	中　等	1.98	100.68	102.88	103.10
面　粉	标准粉	1.80	101.19	104.28	103.58
棉花(籽棉)	中准级	4.23	102.90	142.72	142.44
花生仁	中　等	5.05	100.57	123.46	123.62
油菜籽	普　通	2.29	102.19	120.45	115.63
花生油	普　通	8.88	100.96	113.14	113.51
菜籽油	普　通	6.35	100.03	112.15	112.43
豆　油	普　通	6.28	100.05	118.89	119.63
烤　烟	中　等	8.15	103.75	108.58	106.57
活　猪	中　等	5.74	97.15	98.73	100.31
仔　猪	普　通	7.52	99.96	99.05	100.22
猪　肉	去骨统肉	10.03	98.32	98.66	99.86
牛　肉	去骨统肉	14.86	99.51	108.86	110.33
羊　肉	去骨统肉	16.34	99.49	105.60	107.03
活　鸡	普通肉鸡	8.70	95.19	98.25	103.71
鸡　蛋	普通鲜蛋	5.29	95.97	94.25	95.54
草　鱼	0.5～1公斤	7.06	97.31	96.82	99.42
鲤　鱼	0.5～1公斤	6.83	97.39	100.53	101.40
鲢　鱼	0.5～1公斤	5.41	95.14	97.75	101.31
带　鱼	0.5～1公斤	9.46	97.91	103.61	105.98
大白菜	中　等	0.88	109.05	161.02	157.47
黄　瓜	中　等	2.99	89.33	106.29	118.07
西红柿	中　等	2.87	103.66	111.04	111.32
菜　椒	中　等	3.43	95.81	100.86	107.19
四季豆	中　等	3.81	105.58	103.82	106.94
红富士苹果	中　等	3.13	98.60	114.19	116.78
香　蕉	中　等	3.15	101.33	94.63	97.92
橙　子	中　等	3.15	95.95	104.03	113.03

3－30　2003年3月全国农产品集贸市场价格走势

品　　种	标　　准	价格 元/公斤	价格走势 本月比上月 上月＝100	本月比上年同月 上年同月＝100	1－3月比上年同期 上年同期＝100
籼　　稻	中　　等	1.05	99.38	99.62	103.21
优质籼稻	中　　等	1.23	100.03	102.90	105.86
粳　　稻	中　　等	1.17	104.06	98.89	97.75
小　　麦	中　　等	1.10	97.67	101.32	103.59
玉　　米	中　　等	1.08	101.86	106.25	105.29
大　　豆	中　　等	2.80	103.14	122.67	118.84
籼　　米	中　　等	1.73	100.12	105.73	107.90
优质籼米	中　　等	2.04	100.49	109.13	108.08
粳　　米	中　　等	1.94	98.18	100.86	102.35
面　　粉	标准粉	1.76	98.20	103.37	103.51
棉花(籽棉)	中准级	4.32	102.17	140.89	141.91
花生仁	中　　等	5.25	104.01	128.12	125.13
油菜籽	普　　通	2.14	93.49	115.01	115.43
花生油	普　　通	8.89	100.17	114.50	113.83
菜籽油	普　　通	6.53	102.86	117.56	114.12
豆　　油	普　　通	6.36	101.25	121.29	120.18
烤　　烟	中　　等	8.56	105.06	110.82	108.01
活　　猪	中　　等	5.67	98.87	102.88	101.14
仔　　猪	普　　通	7.58	100.83	98.77	99.73
猪　　肉	去骨统肉	9.91	98.81	101.36	100.35
牛　　肉	去骨统肉	14.67	98.72	109.97	110.21
羊　　肉	去骨统肉	16.19	99.12	107.62	107.22
活　　鸡	普通肉鸡	8.52	97.87	101.67	103.04
鸡　　蛋	普通鲜蛋	5.05	95.58	95.76	95.61
草　　鱼	0.5～1公斤	7.08	100.27	99.38	99.40
鲤　　鱼	0.5～1公斤	6.73	98.66	101.38	101.40
鲢　　鱼	0.5～1公斤	5.42	100.22	96.35	99.63
带　　鱼	0.5～1公斤	9.31	98.41	105.43	105.80
大白菜	中　　等	1.17	132.44	218.08	177.64
黄　　瓜	中　　等	2.84	94.79	126.33	120.51
西红柿	中　　等	3.02	105.33	129.22	116.97
菜　　椒	中　　等	3.81	111.25	131.82	114.75
四季豆	中　　等	4.02	105.54	122.88	112.04
红富士苹果	中　　等	3.10	99.01	111.90	115.12
香　　蕉	中　　等	3.15	99.99	94.05	96.59
橙　　子	中　　等	3.09	98.39	105.24	110.37

3-31 2003年4月全国农产品集贸市场价格走势

品种	标准	价格 元/公斤	价格走势 本月比上月 上月=100	本月比上年同月 上年同月=100	1-4月比上年同期 上年同期=100
籼稻	中等	1.04	99.48	99.25	102.20
优质籼稻	中等	1.20	97.72	100.94	104.60
粳稻	中等	1.18	100.86	101.23	98.63
小麦	中等	1.10	100.48	102.79	103.39
玉米	中等	1.10	102.01	109.04	106.23
大豆	中等	2.87	102.54	123.37	119.97
籼米	中等	1.73	100.27	109.08	108.19
优质籼米	中等	2.05	100.43	110.54	108.68
粳米	中等	1.98	101.94	104.37	102.85
面粉	标准粉	1.76	99.58	103.02	103.39
棉花(籽棉)	中准级	4.38	101.44	135.30	140.15
花生仁	中等	5.41	103.08	134.28	127.39
油菜籽	普通	2.12	98.79	118.75	116.21
花生油	普通	9.06	101.94	121.65	115.73
菜籽油	普通	6.53	99.94	116.59	114.74
豆油	普通	6.53	102.65	125.82	121.58
烤烟	中等	8.35	97.55	103.44	106.81
活猪	中等	5.63	99.22	105.98	102.28
仔猪	普通	7.45	98.27	99.00	99.55
猪肉	去骨统肉	9.87	99.62	103.82	101.18
牛肉	去骨统肉	14.67	100.04	113.01	110.89
羊肉	去骨统肉	15.97	98.64	106.44	107.03
活鸡	普通肉鸡	8.44	99.05	100.32	102.37
鸡蛋	普通鲜蛋	5.06	100.11	97.04	95.95
草鱼	0.5~1公斤	7.15	100.91	100.62	99.71
鲤鱼	0.5~1公斤	6.83	101.45	102.07	101.56
鲢鱼	0.5~1公斤	5.57	102.70	98.16	99.25
带鱼	0.5~1公斤	9.36	100.56	106.06	105.87
大白菜	中等	1.36	116.14	193.72	182.52
黄瓜	中等	2.38	83.93	132.69	122.83
西红柿	中等	2.82	93.47	133.81	120.71
菜椒	中等	3.94	103.30	150.49	122.51
四季豆	中等	3.59	89.40	122.03	114.28
红富士苹果	中等	3.19	102.93	105.49	112.52
香蕉	中等	3.12	99.31	94.07	95.95
橙子	中等	3.22	104.21	114.46	111.38

3－32　2003年5月全国农产品集贸市场价格走势

品　　种	标　　准	价 格 元/公斤	价格走势 本月比上月 上月＝100	 本月比上年同月 上年同月＝100	 1－5月比上年同期 上年同期＝100
籼　　稻	中　　等	1.05	101.14	98.48	101.43
优质籼稻	中　　等	1.20	100.34	100.43	103.74
粳　　稻	中　　等	1.15	97.07	98.30	98.56
小　　麦	中　　等	1.10	100.15	102.84	103.28
玉　　米	中　　等	1.13	102.97	109.22	106.84
大　　豆	中　　等	2.91	101.60	123.26	120.64
籼　　米	中　　等	1.73	99.87	107.03	107.96
优质籼米	中　　等	2.05	100.15	107.90	108.53
粳　　米	中　　等	1.97	99.58	102.01	102.68
面　　粉	标 准 粉	1.76	99.94	101.74	103.05
棉花(籽棉)	中 准 级	4.44	101.37	146.32	139.32
花 生 仁	中　　等	5.54	102.36	130.97	128.13
油 菜 籽	普　　通	2.26	106.84	125.08	117.92
花 生 油	普　　通	9.15	100.97	117.71	116.13
菜 籽 油	普　　通	6.58	100.79	119.48	115.67
豆　　油	普　　通	6.58	100.80	125.93	122.45
烤　　烟	中　　等	8.68	103.86	109.38	107.34
活　　猪	中　　等	5.56	98.78	103.27	102.47
仔　　猪	普　　通	7.25	97.24	98.63	99.37
猪　　肉	去骨统肉	9.82	99.50	102.32	101.40
牛　　肉	去骨统肉	14.55	99.14	109.01	110.52
羊　　肉	去骨统肉	15.74	98.56	104.32	106.49
活　　鸡	普通肉鸡	8.30	98.36	100.48	102.00
鸡　　蛋	普通鲜蛋	4.99	98.55	92.55	95.28
草　　鱼	0.5～1公斤	7.17	100.36	100.71	99.91
鲤　　鱼	0.5～1公斤	6.90	101.07	101.16	101.48
鲢　　鱼	0.5～1公斤	5.63	101.13	98.07	99.01
带　　鱼	0.5～1公斤	9.33	99.67	105.47	105.79
大 白 菜	中　　等	0.96	70.58	128.04	169.19
黄　　瓜	中　　等	1.39	58.22	89.70	118.16
西 红 柿	中　　等	1.99	70.49	110.72	119.12
菜　　椒	中　　等	2.47	62.78	105.95	119.82
四 季 豆	中　　等	2.42	67.52	102.97	112.56
红富士苹果	中　　等	3.42	107.23	112.18	112.45
香　　蕉	中　　等	3.05	97.77	98.01	96.34
橙　　子	中　　等	3.21	99.49	110.77	111.25

3－33　2003年6月全国农产品集贸市场价格走势

品　　种	标　　准	价 格 元/公斤	价格走势 本月比上月 上月＝100	 本月比上年同月 上年同月＝100	 1－6月比上年同期 上年同期＝100
籼　稻	中　等	1.04	99.22	98.04	100.85
优质籼稻	中　等	1.22	101.19	102.64	103.56
粳　稻	中　等	1.16	101.08	98.77	98.60
小　麦	中　等	1.09	99.07	105.65	103.66
玉　米	中　等	1.14	100.85	107.49	106.95
大　豆	中　等	2.90	99.52	122.43	120.95
籼　米	中　等	1.74	100.63	106.93	107.79
优质籼米	中　等	2.05	99.77	106.94	108.26
粳　米	中　等	1.95	98.85	100.59	102.33
面　粉	标准粉	1.75	99.71	102.19	102.91
棉花(籽棉)	中准级	4.34	97.62	138.21	139.13
花生仁	中　等	5.60	101.07	127.43	128.01
油菜籽	普　通	2.28	101.02	122.64	118.70
花生油	普　通	9.09	99.34	116.17	116.13
菜籽油	普　通	6.64	100.95	120.15	116.41
豆　油	普　通	6.45	98.03	122.70	122.49
烤　烟	中　等	8.83	101.78	107.70	107.40
活　猪	中　等	5.53	99.47	104.17	102.75
仔　猪	普　通	7.34	101.32	101.77	99.75
猪　肉	去骨统肉	9.83	100.11	102.46	101.58
牛　肉	去骨统肉	14.72	101.20	108.86	110.24
羊　肉	去骨统肉	15.87	100.83	107.04	106.58
活　鸡	普通肉鸡	8.34	100.45	100.67	101.78
鸡　蛋	普通鲜蛋	4.96	99.59	93.03	94.91
草　鱼	0.5～1公斤	7.24	100.94	102.06	100.26
鲤　鱼	0.5～1公斤	6.96	100.84	100.22	101.27
鲢　鱼	0.5～1公斤	5.73	101.70	96.61	98.59
带　鱼	0.5～1公斤	9.19	98.50	104.40	105.56
大白菜	中　等	0.83	86.29	95.29	152.86
黄　瓜	中　等	0.92	66.33	89.59	115.71
西红柿	中　等	1.35	67.58	97.82	116.81
菜　椒	中　等	1.64	66.47	112.63	119.16
四季豆	中　等	1.52	62.72	92.18	110.60
红富士苹果	中　等	3.65	106.86	108.18	111.63
香　蕉	中　等	2.98	97.71	106.06	97.79
橙　子	中　等	3.46	107.93	114.59	111.84

3-34 2003年7月全国农产品集贸市场价格走势

品种	标准	价格	价格走势		
		元/公斤	本月比上月 上月=100	本月比上年同月 上年同月=100	1-7月比上年同期 上年同期=100
籼稻	中等	1.04	100.00	99.19	100.61
优质籼稻	中等	1.21	99.62	103.61	103.56
粳稻	中等	1.16	99.78	100.30	98.84
小麦	中等	1.08	98.63	103.99	103.71
玉米	中等	1.13	99.21	106.83	106.94
大豆	中等	2.91	100.38	122.77	121.21
籼米	中等	1.75	100.31	107.59	107.76
优质籼米	中等	2.04	99.64	107.42	108.14
粳米	中等	1.96	100.36	101.91	102.27
面粉	标准粉	1.75	100.01	102.56	102.86
棉花(籽棉)	中准级	4.42	101.88	139.69	139.21
花生仁	中等	5.56	99.19	126.26	127.74
油菜籽	普通	2.36	103.23	121.86	119.17
花生油	普通	9.12	100.33	116.90	116.25
菜籽油	普通	6.68	100.49	120.15	116.94
豆油	普通	6.49	100.65	121.15	122.30
烤烟	中等	8.79	99.52	109.65	107.73
活猪	中等	5.78	104.42	107.95	103.47
仔猪	普通	7.51	102.26	105.84	100.59
猪肉	去骨统肉	10.19	103.61	106.10	102.21
牛肉	去骨统肉	14.78	100.39	110.64	110.29
羊肉	去骨统肉	15.89	100.08	107.89	106.76
活鸡	普通肉鸡	8.52	102.16	101.42	101.73
鸡蛋	普通鲜蛋	4.93	99.21	95.28	94.96
草鱼	0.5~1公斤	7.30	100.82	99.96	100.22
鲤鱼	0.5~1公斤	7.05	101.19	99.65	101.03
鲢鱼	0.5~1公斤	5.72	99.83	97.84	98.48
带鱼	0.5~1公斤	9.17	99.86	99.79	104.71
大白菜	中等	0.94	113.41	97.22	141.89
黄瓜	中等	0.89	96.50	98.93	114.54
西红柿	中等	1.08	79.92	91.69	114.69
菜椒	中等	1.33	80.85	114.80	118.86
四季豆	中等	1.37	89.85	94.31	109.33
红富士苹果	中等	3.83	104.83	119.65	112.86
香蕉	中等	2.90	97.04	116.24	99.93
橙子	中等	3.37	97.21	115.70	112.39

3－35　2003年8月全国农产品集贸市场价格走势

品　　种	标　　准	价格 元/公斤	价格走势 本月比上月 上月＝100	 本月比上年同月 上年同月＝100	 1－8月比上年同期 上年同期＝100
籼　　稻	中　　等	1.05	100.15	100.83	100.64
优质籼稻	中　　等	1.21	99.95	105.00	103.74
粳　　稻	中　　等	1.17	100.55	100.84	99.09
小　　麦	中　　等	1.08	100.55	102.67	103.58
玉　　米	中　　等	1.15	101.49	108.77	107.17
大　　豆	中　　等	2.94	100.88	123.52	121.50
籼　　米	中　　等	1.75	100.34	107.25	107.69
优质籼米	中　　等	2.04	100.19	106.63	107.95
粳　　米	中　　等	1.97	100.79	102.31	102.27
面　　粉	标 准 粉	1.75	99.79	102.30	102.79
棉花（籽棉）	中 准 级	4.46	100.89	143.38	139.74
花 生 仁	中　　等	5.65	101.71	127.46	127.71
油 菜 籽	普　　通	2.38	101.09	126.58	120.10
花 生 油	普　　通	9.16	100.40	116.33	116.26
菜 籽 油	普　　通	6.71	100.45	116.25	116.85
豆　　油	普　　通	6.52	100.45	116.17	121.48
烤　　烟	中　　等	8.57	97.54	107.70	107.73
活　　猪	中　　等	6.00	103.90	107.62	103.99
仔　　猪	普　　通	7.81	103.99	106.53	101.32
猪　　肉	去骨统肉	10.56	103.63	106.39	102.74
牛　　肉	去骨统肉	14.90	100.82	109.21	110.16
羊　　肉	去骨统肉	15.95	100.42	105.86	106.65
活　　鸡	普通肉鸡	8.70	102.14	104.53	102.07
鸡　　蛋	普通鲜蛋	5.23	106.15	93.49	94.77
草　　鱼	0.5～1公斤	7.30	100.01	103.19	100.59
鲤　　鱼	0.5～1公斤	7.15	101.42	101.62	101.10
鲢　　鱼	0.5～1公斤	5.75	100.61	96.23	98.19
带　　鱼	0.5～1公斤	9.28	101.17	103.50	104.56
大 白 菜	中　　等	1.15	122.87	116.41	137.60
黄　　瓜	中　　等	1.38	156.06	112.26	114.34
西 红 柿	中　　等	1.45	134.77	111.13	114.38
菜　　椒	中　　等	1.59	119.54	109.58	118.14
四 季 豆	中　　等	1.83	133.98	96.56	108.15
红富士苹果	中　　等	3.86	100.72	127.57	114.73
香　　蕉	中　　等	2.95	101.90	113.11	101.36
橙　　子	中　　等	3.62	107.59	121.88	113.60

3－36　2003年9月全国农产品集贸市场价格走势

品　　种	标　　准	价格 元/公斤	价格走势		
			本月比上月 上月＝100	本月比上年同月 上年同月＝100	1－9月比上年同期 上年同期＝100
籼　　稻	中　　等	1.05	100.47	100.08	100.58
优质籼稻	中　　等	1.23	100.97	105.73	103.96
粳　　稻	中　　等	1.18	101.38	102.21	99.43
小　　麦	中　　等	1.10	101.55	105.20	103.76
玉　　米	中　　等	1.16	100.44	109.69	107.46
大　　豆	中　　等	2.94	100.29	121.56	121.51
籼　　米	中　　等	1.77	100.93	108.74	107.81
优质籼米	中　　等	2.05	100.37	106.04	107.73
粳　　米	中　　等	1.98	100.46	101.27	102.16
面　　粉	标准粉	1.76	100.85	102.39	102.75
棉花(籽棉)	中准级	4.85	108.80	139.55	139.72
花生仁	中　　等	5.67	100.37	125.07	127.39
油菜籽	普　　通	2.44	102.56	126.05	120.77
花生油	普　　通	9.24	100.88	111.99	115.76
菜籽油	普　　通	6.76	100.86	110.93	116.14
豆　　油	普　　通	6.56	100.49	111.53	120.27
烤　　烟	中　　等	8.61	100.44	109.10	107.88
活　　猪	中　　等	6.25	104.20	111.66	104.86
仔　　猪	普　　通	8.13	104.14	111.50	102.44
猪　　肉	去骨统肉	10.98	104.00	110.22	103.59
牛　　肉	去骨统肉	15.04	100.94	108.58	109.98
羊　　肉	去骨统肉	16.02	100.45	105.47	106.52
活　　鸡	普通肉鸡	8.88	102.06	105.38	102.44
鸡　　蛋	普通鲜蛋	5.52	105.66	98.24	95.17
草　　鱼	0.5～1公斤	7.25	99.32	101.93	100.73
鲤　　鱼	0.5～1公斤	7.14	99.92	101.96	101.20
鲢　　鱼	0.5～1公斤	5.87	102.08	100.99	98.50
带　　鱼	0.5～1公斤	9.20	99.14	100.78	104.13
大白菜	中　　等	1.19	102.87	112.53	133.80
黄　　瓜	中　　等	1.53	110.32	112.37	114.17
西红柿	中　　等	1.72	118.84	113.05	114.26
菜　　椒	中　　等	1.94	121.98	124.43	118.63
四季豆	中　　等	2.12	115.67	106.76	108.03
红富士苹果	中　　等	3.56	92.19	121.19	115.44
香　　蕉	中　　等	3.15	106.75	117.92	103.01
橙　　子	中　　等	3.98	109.98	133.85	115.90

3－37　2003年10月全国农产品集贸市场价格走势

品　　种	标　　准	价　格 元/公斤	价格走势		
			本月比上月 上月＝100	本月比上年同月 上年同月＝100	1－10月比上年同期 上年同期＝100
籼　　稻	中　　等	1.07	101.72	104.53	100.97
优质籼稻	中　　等	1.25	101.80	109.20	104.47
粳　　稻	中　　等	1.24	105.02	110.22	100.48
小　　麦	中　　等	1.14	103.41	111.19	104.48
玉　　米	中　　等	1.16	100.77	120.29	108.66
大　　豆	中　　等	3.06	103.91	126.59	122.03
籼　　米	中　　等	1.80	101.55	110.62	108.09
优质籼米	中　　等	2.09	101.87	109.60	107.92
粳　　米	中　　等	2.03	102.58	105.22	102.47
面　　粉	标 准 粉	1.80	101.95	107.58	103.22
棉花(籽棉)	中 准 级	5.90	121.53	150.11	140.99
花 生 仁	中　　等	5.83	102.82	132.90	127.96
油 菜 籽	普　　通	2.54	104.09	130.67	121.79
花 生 油	普　　通	9.92	107.41	126.23	116.81
菜 籽 油	普　　通	7.25	107.17	118.94	116.44
豆　　油	普　　通	7.47	113.88	130.59	121.36
烤　　烟	中　　等	8.47	98.34	121.84	109.13
活　　猪	中　　等	6.74	107.84	119.94	106.39
仔　　猪	普　　通	8.60	105.81	116.98	103.89
猪　　肉	去骨统肉	11.79	107.38	119.03	105.15
牛　　肉	去骨统肉	15.30	101.69	109.10	109.89
羊　　肉	去骨统肉	16.25	101.42	106.99	106.56
活　　鸡	普中通肉鸡	9.08	102.28	109.87	103.17
鸡　　蛋	普中通鲜蛋	5.66	102.46	104.06	96.06
草　　鱼	0.5～1公斤	7.30	100.63	104.31	101.08
鲤　　鱼	0.5～1公斤	7.14	99.97	103.93	101.47
鲢　　鱼	0.5～1公斤	5.85	99.62	102.84	98.93
带　　鱼	0.5～1公斤	9.44	102.62	106.53	104.37
大 白 菜	中　　等	1.02	86.37	135.97	134.01
黄　　瓜	中　　等	1.94	126.72	127.38	115.35
西 红 柿	中　　等	2.14	124.40	131.06	115.76
菜　　椒	中　　等	2.24	115.64	121.47	118.87
四 季 豆	中　　等	2.30	108.65	113.48	108.48
红富士苹果	中　　等	3.16	88.77	115.71	115.46
香　　蕉	中　　等	3.15	100.00	116.52	104.25
橙　　子	中　　等	3.67	92.08	126.03	116.91

3-38　2003年11月全国农产品集贸市场价格走势

品　　种	标　　准	价格 元/公斤	价格走势 本月比上月 上月=100	本月比上年同月 上年同月=100	1-11月比上年同期 上年同期=100
籼　　稻	中　　等	1.19	111.81	116.78	102.38
优质籼稻	中　　等	1.41	113.03	123.99	106.21
粳　　稻	中　　等	1.36	109.54	123.68	102.49
小　　麦	中　　等	1.26	110.76	120.19	105.90
玉　　米	中　　等	1.25	107.16	124.30	110.06
大　　豆	中　　等	3.40	111.10	138.37	123.57
籼　　米	中　　等	1.98	110.03	122.57	109.41
优质籼米	中　　等	2.33	111.72	122.40	109.24
粳　　米	中　　等	2.25	110.70	118.75	103.93
面　　粉	标准粉	2.01	112.01	118.69	104.61
棉花(籽棉)	中准级	6.28	106.49	152.74	142.33
花生仁	中　　等	6.21	106.49	138.15	128.93
油菜籽	普　　通	2.87	112.93	142.61	123.79
花生油	普　　通	10.78	108.63	132.61	118.30
菜籽油	普　　通	7.93	109.33	128.83	117.65
豆　　油	普　　通	7.67	102.69	131.64	122.36
烤　　烟	中　　等	8.74	103.20	126.27	110.53
活　　猪	中　　等	7.23	107.25	126.78	108.30
仔　　猪	普　　通	9.12	106.03	125.54	105.83
猪　　肉	去骨统肉	12.59	106.77	126.33	107.10
牛　　肉	去骨统肉	15.74	102.89	110.08	109.90
羊　　肉	去骨统肉	16.60	102.16	108.02	106.70
活　　鸡	普通肉鸡	9.52	104.87	114.23	104.17
鸡　　蛋	普通鲜蛋	6.14	108.51	114.05	97.68
草　　鱼	0.5~1公斤	7.43	101.87	107.32	101.64
鲤　　鱼	0.5~1公斤	7.20	100.85	107.09	101.97
鲢　　鱼	0.5~1公斤	5.93	101.42	105.11	99.49
带　　鱼	0.5~1公斤	9.40	99.50	104.28	104.36
大白菜	中　　等	0.92	89.76	144.35	134.80
黄　　瓜	中　　等	2.33	120.47	109.82	114.74
西红柿	中　　等	2.49	116.33	125.82	116.74
菜　　椒	中　　等	2.63	117.34	123.71	119.29
四季豆	中　　等	2.65	115.07	105.88	108.24
红富士苹果	中　　等	3.07	97.15	111.08	115.09
香　　蕉	中　　等	3.31	105.16	122.93	105.82
橙　　子	中　　等	3.44	93.66	132.12	118.16

3－39　2003 年 12 月全国农产品集贸市场价格走势

品　　种	标　　准	价 格 元/公斤	价格走势		
			本月比上月 上月＝100	本月比上年同月 上年同月＝100	1－12 月比上年同期 上年同期＝100
籼　　稻	中　　等	1.21	101.43	117.44	103.63
优质籼稻	中　　等	1.39	98.83	121.49	107.46
粳　　稻	中　　等	1.36	99.97	122.00	104.06
小　　麦	中　　等	1.34	106.15	126.94	107.64
玉　　米	中　　等	1.28	102.23	125.23	111.31
大　　豆	中　　等	3.38	99.52	134.22	124.51
籼　　米	中　　等	2.00	101.41	123.08	110.56
优质籼米	中　　等	2.37	101.69	123.08	110.41
粳　　米	中　　等	2.24	99.69	117.19	105.03
面　　粉	标 准 粉	2.11	104.96	123.65	106.20
棉花（籽棉）	中 准 级	5.88	93.73	142.84	143.16
花 生 仁	中　　等	6.33	101.97	136.42	129.60
油 菜 籽	普　　通	2.84	99.01	138.10	125.07
花 生 油	普　　通	11.10	102.98	135.40	119.78
菜 籽 油	普　　通	7.94	100.11	126.27	118.43
豆　　油	普　　通	7.68	100.16	124.17	122.53
烤　　烟	中　　等	8.87	101.49	115.88	110.97
活　　猪	中　　等	7.34	101.44	126.79	109.90
仔　　猪	普　　通	9.02	98.87	122.79	107.23
猪　　肉	去骨统肉	12.55	99.70	123.99	108.54
牛　　肉	去骨统肉	15.77	100.19	108.01	109.74
羊　　肉	去骨统肉	16.68	100.46	105.72	106.61
活　　鸡	普通肉鸡	9.48	99.52	112.95	104.90
鸡　　蛋	普通鲜蛋	6.09	99.18	112.21	98.89
草　　鱼	0.5～1 公斤	7.34	98.79	106.84	102.06
鲤　　鱼	0.5～1 公斤	7.16	99.48	108.19	102.48
鲢　　鱼	0.5～1 公斤	5.85	98.66	103.82	99.85
带　　鱼	0.5～1 公斤	9.22	98.19	103.21	104.26
大 白 菜	中　　等	0.89	96.66	124.88	134.02
黄　　瓜	中　　等	2.88	123.53	109.77	114.14
西 红 柿	中　　等	2.76	110.91	120.14	117.08
菜　　椒	中　　等	2.87	109.06	115.01	118.89
四 季 豆	中　　等	3.08	116.54	110.69	108.47
红富士苹果	中　　等	3.03	98.95	104.55	114.22
香　　蕉	中　　等	3.35	101.21	121.11	107.03
橙　　子	中　　等	3.48	101.40	123.25	118.58

3-40 2003年各地区集贸市场农产品价格

单位:元/公斤

类别	粮食					
品种	籼稻	优质籼稻	粳稻	小麦	玉米	大豆
北京			1.82	1.34	1.18	3.05
天津	1.35	1.48	1.44	1.22	1.09	3.25
河北			1.28	1.11	1.01	2.91
山西				1.16	0.95	2.99
内蒙古				0.94	0.87	2.89
辽宁			1.20	1.22	0.93	2.74
吉林			1.20		0.87	2.49
黑龙江			1.04		0.83	2.55
上海						3.72
江苏	1.07	1.09	1.16	1.05	1.11	2.89
浙江	1.00	1.19	1.24	1.10	1.87	3.60
安徽	1.00	1.11	1.15	1.05	1.10	2.83
福建	1.11	1.29	1.33	1.44	1.50	3.37
江西	1.04	1.16	1.17	1.25		2.87
山东			1.25	1.11	1.07	2.99
河南	1.07			1.05	1.08	3.09
湖北	0.97	1.09	0.99	0.93	1.23	2.81
湖南	1.05	1.17	1.12	1.54	1.25	3.46
广东	1.19		1.04			3.34
广西	1.07	1.42	1.17	1.46	1.23	3.29
海南	1.22	1.57	1.35			3.83
重庆	0.99	1.21	1.32	1.09	1.20	2.74
四川	1.04	1.22	1.06	1.05	1.13	2.83
贵州	1.15	1.36	1.21	1.06	1.15	3.05
云南	1.20	1.87	1.33	1.18	1.16	2.93
陕西	2.03		1.85	1.07	1.03	2.63
甘肃	1.93			1.09	1.03	2.14
青海						
宁夏			1.28	1.19	1.03	3.48
新疆			2.16	1.12	0.95	2.73

3－40 **续表1** 单位:元/公斤

类 别	粮食				油料	
品 种	籼米	优质籼米	粳米	面粉	花生仁	油菜籽
北 京	2.36		2.21	1.63	5.95	
天 津	1.89	2.06	2.06	1.74	5.96	
河 北	1.91	2.07	2.08	1.49	5.61	3.00
山 西			2.22	1.50	5.31	
内蒙古	2.22	2.62	1.92	1.63	5.79	2.05
辽 宁			1.87	1.74	5.78	
吉 林			1.63	1.74	5.10	
黑龙江			1.70	1.71	5.92	
上 海	1.70	1.85	2.00	2.06	6.42	
江 苏	1.58	1.63	1.79	1.70	5.31	2.35
浙 江	1.61	1.77	1.96	2.21	6.00	2.25
安 徽	1.61	1.76	1.84	1.67	5.21	2.16
福 建	1.77	2.00	2.10	2.17	6.22	4.00
江 西	1.61	1.87	1.68	2.09	5.47	2.28
山 东	3.00		1.99	1.46	5.30	2.95
河 南	1.72	1.96	2.05	1.36	5.43	2.14
湖 北	1.73	1.97	1.93	1.94	5.41	2.07
湖 南	1.75	2.23	2.17	2.12	5.82	2.41
广 东	2.16		2.08	2.48	6.31	
广 西	1.77	2.30	1.97	2.14	5.56	2.06
海 南	2.36		2.71		6.48	
重 庆	1.68	2.10	2.56	2.14	5.22	2.17
四 川	1.68	2.10	2.18	2.00	5.06	2.40
贵 州	1.84	2.30	1.78	1.90	5.78	2.16
云 南	1.76	2.42	2.10	2.11	5.66	2.09
陕 西	1.86	2.01	2.42	1.68	5.53	1.71
甘 肃	2.38	2.72	2.73	1.66	6.03	3.16
青 海	2.20	2.59	2.64	1.48	5.88	4.13
宁 夏			1.93	1.72	5.90	3.87
新 疆	3.20	1.98	2.07	1.70	6.18	1.95

3-40 续表2

单位:元/公斤

类别 / 品种	棉花（籽棉）	食用油			烤烟
		花生油	菜籽油	豆油	
北京	5.91	8.55	5.86	6.08	6.00
天津		8.67	6.84	6.92	
河北	5.00	9.39	6.82	6.81	4.00
山西	4.77	6.42	6.78	6.40	
内蒙古		12.00	7.23	6.89	4.49
辽宁	5.84			6.99	
吉林				6.93	5.62
黑龙江				6.96	
上海	5.37	7.06	6.53	6.88	
江苏	4.84	8.23	6.87	6.99	6.63
浙江	4.27	7.95	6.62	7.13	
安徽	4.82	8.96	6.75	7.44	
福建		8.18	7.36	7.40	
江西	5.01	9.70	6.81	7.52	
山东	5.41	9.64	5.38	6.94	8.40
河南	5.84	8.42	6.64	6.65	4.37
湖北	4.25	10.03	6.40	6.69	7.03
湖南	4.50	10.28	7.29	7.52	6.55
广东		11.58	7.28	8.81	
广西		9.81	7.30	6.38	9.66
海南		13.42	7.51	9.08	
重庆	4.49	8.31	6.82	2.73	7.00
四川	3.51	9.36	7.11	7.87	8.31
贵州		11.28	6.93	6.40	
云南		8.40	6.85	7.00	7.75
陕西	5.18	10.13	6.79	6.80	3.46
甘肃	4.07	11.79	6.78	7.79	6.00
青海			7.20		
宁夏		7.37	6.51	6.27	
新疆	3.91		7.14	6.96	8.07

3－40 续表3

单位:元/公斤

类别	畜产品						
品种	活猪	仔猪	猪肉	牛肉	羊肉	活鸡	鸡蛋
北京	6.57	8.04	10.33	14.76	17.86	8.07	4.58
天津	6.79	7.54	11.71	15.33	17.38	6.74	4.18
河北	6.02	7.72	10.63	14.65	15.72	6.29	4.31
山西	5.80	8.81	10.24	13.65	13.76	7.41	4.12
内蒙古	6.02	11.08	10.19	15.55	14.42	7.37	4.34
辽宁	5.89	10.43	10.48	15.44	16.25	8.23	4.39
吉林	5.82	7.98	9.26	13.57	15.05	7.11	4.75
黑龙江	5.87	8.20	9.65	14.55	15.31	6.96	4.16
上海			12.06	19.85	22.17	8.28	5.09
江苏	5.93	5.85	11.29	15.76	15.47	7.10	4.85
浙江	6.39	6.79	12.40	21.38	19.26	8.61	5.15
安徽	6.47	6.95	11.46	14.71	13.20	9.30	5.78
福建	7.50	8.31	11.51	17.71	22.83	13.58	6.89
江西	6.73	8.39	11.64	14.95	16.17	10.08	6.64
山东	6.31	6.57	10.90	14.51	16.41	6.53	4.50
河南	5.93	7.15	10.43	14.18	15.02	6.69	4.43
湖北	6.30	8.59	11.93	13.55	12.49	10.44	6.03
湖南	6.09	7.39	11.30	14.95	17.42	9.55	6.18
广东	8.13	7.90	12.26	15.13	18.05	10.84	6.11
广西	6.21	6.82	11.12	14.87	21.07	12.67	5.96
海南	7.15	11.28	14.04	16.21		15.13	7.80
重庆	5.59	6.44	9.95	13.51	12.23	10.74	6.89
四川	5.24	6.55	9.39	13.00	13.89	10.36	7.05
贵州	6.15	7.00	9.67	14.61	15.98	11.62	8.34
云南	5.84	7.40	10.08	14.80	17.26	10.79	6.65
陕西	5.71	8.94	9.91	15.73	15.18	7.97	4.69
甘肃	6.35	12.88	9.78	14.84	13.98	8.67	4.96
青海	6.95	13.03	9.98	15.30	14.48	10.50	4.84
宁夏	6.72	12.96	9.22	16.00	15.08	7.30	4.44
新疆	6.03	7.69	9.70	16.52	19.88	8.43	5.37

3－40　续表4

单位:元/公斤

类　别	水产品				水 果		
品　种	草鱼	鲤鱼	鲢鱼	带鱼	红富士苹果	香蕉	橙子
北　京	8.37	6.96	5.34	9.42	3.39	3.99	3.71
天　津	7.41	6.93	4.37	7.31	2.48	3.47	2.61
河　北	7.09	6.88	4.55	8.48	2.30	3.42	2.91
山　西	7.60	7.29	5.97	9.04	2.31	3.70	3.08
内蒙古	13.33	7.62	4.60	6.53	3.13	4.10	3.67
辽　宁	7.02	7.98	5.63	9.08	3.58	4.31	3.60
吉　林	7.61	7.47	5.85	8.17	3.88	4.60	4.50
黑龙江	5.89	7.85	5.57	7.15	3.84	4.55	3.73
上　海	7.08	6.31	4.66	14.39	4.27	3.81	7.70
江　苏	6.48	5.89	4.71	9.20	2.63	2.73	2.99
浙　江	7.34	7.51	5.55	16.00	4.80	2.98	7.44
安　徽	6.01	6.09	4.24	8.24	2.66	2.74	2.93
福　建	8.81	8.93	7.06	10.24	4.35	2.22	6.78
江　西	6.86	5.63	4.29	7.25	3.23	2.25	3.80
山　东	7.12	6.90	5.11	6.90	2.05	3.12	3.66
河　南	6.95	6.36	4.33	7.98	2.36	2.55	2.57
湖　北	5.39	5.20	3.68	11.55	3.40	3.01	2.87
湖　南	6.57	5.84	4.22	14.71	4.53	2.68	3.20
广　东	8.19	6.40	6.19	13.54	4.84	2.07	3.45
广　西	7.57	7.03	4.75	9.57	5.16	1.76	2.28
海　南	6.67	6.91	7.32	10.58	5.50	1.49	3.60
重　庆	7.54	8.49	6.87	10.35	3.84	2.95	2.50
四　川	7.29	7.69	14.03	10.36	3.60	2.77	2.11
贵　州	9.52	8.92	10.46	10.87	2.54	2.27	2.24
云　南	8.23	8.49	6.90	9.73	3.30	1.54	3.09
陕　西	7.87	7.54	5.29	10.23	2.15	3.78	5.21
甘　肃	8.48	8.46	8.03	11.53	3.04	4.42	3.66
青　海	12.00	9.10	5.79	9.28	4.02	5.11	4.04
宁　夏	7.67	7.02	3.18	9.96	2.47	3.81	3.61
新　疆	8.90	6.92	4.77	8.65	3.11	4.54	3.62

3-40 续表5

单位:元/公斤

类别	蔬菜				
品种	大白菜	黄瓜	西红柿	菜椒	四季豆
北京	0.81	2.50	2.52	2.94	2.92
天津	0.87	2.03	2.18	2.38	3.13
河北	0.81	2.14	2.08	2.83	3.21
山西	0.90	2.28	2.23	3.08	2.68
内蒙古	0.87	2.15	2.39	3.13	3.56
辽宁	1.01	2.20	2.43	3.09	3.05
吉林	0.90	2.39	2.68	3.06	3.37
黑龙江	0.85	2.44	2.86	3.27	
上海	1.34	2.83	2.90	4.03	4.24
江苏	0.98	2.19	2.35	2.42	2.56
浙江	1.48	3.31	3.43	4.39	4.83
安徽	1.04	2.12	2.22	2.34	2.68
福建	1.56	1.91	2.21	2.94	2.37
江西	0.93	1.90	2.46	2.50	2.17
山东	0.96	2.06	1.97	2.64	3.01
河南	0.93	1.99	1.99	2.13	2.81
湖北	1.00	2.22	2.41	2.25	2.55
湖南	1.35	2.14	2.58	2.74	2.60
广东	1.66	2.01	2.11	2.39	2.32
广西	1.41	1.51	1.76	2.20	1.85
海南	1.55	1.26	2.05	2.76	1.80
重庆	0.99	2.04	2.27	2.25	2.14
四川	0.85	1.70	1.90	2.06	1.86
贵州	0.82	1.80	1.73	1.97	1.81
云南	0.75	1.43	1.28	2.04	1.42
陕西	0.92	2.10	2.12	2.30	2.92
甘肃	0.85	2.36	2.35	3.03	3.32
青海	1.16	2.60	2.60	3.35	3.74
宁夏	1.02	2.37	2.10	2.77	3.64
新疆	0.75	2.26	2.34	3.14	3.90

第4部分

全国农产品价格调查方案

农产品生产价格调查与价格指数编报方案

4

一、调查目的

农产品生产价格是指农产品生产者第一手（直接）出售其产品时实际获得的单位产品价格。开展农产品生产价格调查是为了全面收集农产品生产价格资料，客观反映全国农产品生产价格水平和结构变动情况，满足农业与国民经济核算需要，为各级政府制定农业保护与农产品流通政策提供决策依据，向社会各界提供优质的农产品价格信息服务。

二、调查对象

抽选的农业生产经营单位。

三、调查方式

生产价格调查采取抽样调查和重点调查相结合的调查方法。抽样调查将有农产品出售的农业生产经营单位列为调查对象，采取随机抽样的调查方法；对一些区域性比较强的农产品则采取在主产区主观选样的方法选择农业生产经营单位作为调查对象。

四、调查内容

农产品生产价格调查的内容为被调查单位生产并出售的主要农产品，被调查单位在辅助调查员的指导下将在报告期出售的农产品的名称、出售数量、价格、金额即时记入农产品生产价格调查台帐或住户日记帐上。

在充分征求部门、地方意见的基础上，根据新的行业分类标准，总队制定了《农产品参考目录》，各地必须执行全国统一的分类标准和代码。

五、调查周期和数据上报

农产品生产价格调查周期为季度，执行日历年度。

《农产品生产价格基层表》数据由县农调队（统计局）根据住户台帐或住户日记帐数据整理、录入、计算、审核并于季度最后月的25日前从网上上报所在省（区、市）农调队。季报表数据应包括农业生产经营单位在报告期出售的农产品的名称、产品代码、计量单位、出售数量、金额、价格以及相应的基期价格。基期价格由县队直接从相应的基期报表中过录。

《农产品生产价格及指数》综合定期报表由各省（区、市）农调队上报国家农调总队，时间为季（年）度最后月的25日前。

六、农产品生产价格的汇总方法

（1）调查单位每种农产品的平均价格（加权算术平均法）

某调查单位在报告期某产品出售金额之和除以报告期该产品出售数量之和。公式为：

$$P_i = \frac{\sum_{j=1}^{n} p_{ij} q_{ij}}{\sum_{j=1}^{n} q_{ij}}$$

式中，P_i 为第 i 个代表品的平均价格，P_{ij} 为第 i 个代表品第 j 次的出售价格，P_{ij} 为第 i 个代表品第 次的出售数量。

（2）全国及省（区、市）产品平均价格（加权算术平均法）

全部被调查单位报告期某产品出售金额之和除以报告期该产品出售数量之和。公式为：

$$P_i = \frac{\sum_{j=1}^{n} p_{ij} q_{ij}}{\sum_{j=1}^{n} q_{ij}}$$

式中，P_i 为第 i 个代表品的平均价格，P_{ij} 为第 i 个代表品第 j 个调查单位的出售价格，P_{ij} 为第 i 个代表品第 j 调查单位的出售数量。

七、农产品代表产品的确定

（1）代表产品选择的原则和要求

①农、林、牧、渔四大类、各中类以及 90% 以上的小类均选有代表品，以使价格指数能较好地反映各类别价格变动情况。

②选择对国计民生影响大的产品，一般生产量和销售量大的产品对国计民生影响较大。

③选择稳定性强的产品，因为代表品一经确定，就要连续观察几年。

④选择具有发展前景的新产品作为代表品。

⑤具有地方特色的产品，虽然在全国比重不大，但具有地方特色，也应选为代表品。一些季节性强的产品从全年看比重不大，但在某些季节是当地的主要产品，也要考虑进来，以确保全年和各季度平均价格及指数的代表性。

代表品一般稳定五年。在五年期间，若产品结构调整较快，以致影响代表性时，可提前进行修订。

（2）国家代表产品的选择

编制农产品生产价格指数是以代表产品（类别）的价格变动来反映全部农产品的价格变化趋势和变动幅度。确定科学、合理的代表品对于编制农产品生产价格指数具有重要意义。如果代表产品过少，会造成代表品不足、价格指数不准确；代表品过多，工作量过大，造成不必要的浪费。根据上述原则，在充分征求部门和地方意见的基础上，国家统计局农调总队制订了全国农产品生产价格调查的代表类别和代表产品。即《农产品参考目录》中用“＊”所列示的农、林、牧、渔 4 个大类、14 个中类、30 个小类、180 种代表品。上述代表产品代表的各类别销售额占当年全国农产品销售额的 70% 以上，具有足够的代表性。

（3）地方代表产品的选择

各省、自治区、直辖市执行全国统一的分类标准和代码，并根据国家下发的《农产品参考目录》，结合本地实际确定代表产品，包括目录中没有但在当地比较重要的产品。对于各地自行增加的代表品要报总队审定，取得统一编码。

八、农产品代表品权数的计算

权数是衡量每种产品重要性的指标。由于每种产品在农业经济中的地位和作用不同，其价格变动对全部农产品价格变动的影响也有所不同。所以在计算价格指数时，要科学、合理地确定权数。

（1）权数确定的原则和要求

①只计算代表类别和代表产品的权数（如国家只给农产品参考目录中带※号的类别和产品分配权数），其他产品不分配权数。

②采用2000～2002三年的资料平均计算权数，权数一般五年更换一次。在五年期间，若出现产品更新换代快，以致影响权数代表性的情况时，应及时进行合理修正。

③重点做好大类、中类权数和重要品种权数的审核。对生产量和销售量不大、资料又难以收集的商品，在计算其权数时，可先确定该商品所在类的类值，并确定该类别主要商品的权数，用分摊法将剩余的权数按其比例（重要程度的次序）分配给余下的商品。

④由于农产品生产与出售季节性比较强，为客观、准确地反映农业生产价格变动趋势和变动幅度，要对季度、季度累计和全年分别计算权数。

（2）权数的种类与资料来源

①商品（销售）权数：用于计算农产品生产价格指数

农产品商品（销售）权数主要利用农产品销售额进行计算，各种代表产品的商品（销售）权数合计为1000。权数资料来源于农村住户和农场的农产品出售金额资料，也可根据农村住户调查季报和帐页资料进行加工整理，或利用农产品产量与商品率资料推算。

②产值权数：用于缩减农业发展速度。

各种代表产品的产值权数合计为1000。产值权数资料取自农林牧渔业产值统计，或通过重点调查、部门资料进行推算。

九、农产品生产价格指数计算方法与步骤

农业生产价格指数是反映一定时期内，农产品生产者出售的农产品价格水平变动趋势及幅度的相对数。

（1）计算每个调查单位每个代表品的价格指数

$$k_{ij}=\frac{p_{ij1}}{p_{ij0}}$$

式中，k_{ij}为第j个调查单位第i个代表产品的个体指数，p_{ij1}为第j个调查单位第i个代表产品的报告期平均价格，p_{ij0}为第j个调查单位第i个代表产品的基期平均价格。

（2）计算代表品的价格指数

$$K_i=\sqrt[n]{k_1\times k_2\times\cdots\cdots\times k_n}$$

式中，k_1，k_2，$\cdots k_n$分别为第 个代表产品在第1到第n个调查单位中的个体指数。

（3）计算小类价格指数

$$K=\frac{\sum K_iW_i}{\sum W_i}$$

其中：K为该小类指数，K_i为该小类下第i个代表品价格指数，W_i为第i个代表品的产值权数或销售额权数。

（4）计算中类价格指数

$$K=\frac{\sum K_i W_i}{\sum W_i}$$

其中：K 为中类价格指数，K_i 为该中类下第 i 个小类价格指数，W_i 为第 i 个小类的产值权数或销售额权数。

大类及总指数的计算，同中类价格指数计算方法。

（5）季度累计价格指数的计算方法，与分季指数计算方法相同。

（6）国家和省级价格指数的计算方法一致。

十、有关问题说明

（1）农产品生产价格是农业生产经营单位第一次出售其产品时所获得的价格，因此，所调查的代表品是由被调查单位生产且出售的农产品，外购再出售的农产品不作为调查内容。

（2）如果抽中的调查单位在调查时没有任何销售活动，该记录的各项观测值均为零，在季报时仍应保留该样本，同时上报空记录的个数，并说明情况。如确定该调查户或单位在半年内都不可能有销售活动，则应以样本附近或相似特征的调查对象替换。

（3）县队在数据录入、审核时，如果发现某调查单位某些代表产品报告期与基期价格变动幅度较大，应查询该调查单位出售的该代表品在品种、品质、销售条件等方面是否发生了改变，如果是由于上述非价格变动因素引起的，则应该剔除非价格变动因素，使报告期与基期代表品同质可比；如果新的产品已成为市场主流，则一般应调整基期价格。调整的方法可以相邻农户或地域的同质产品价格代替，如果缺乏相邻农户或地域的同质产品价格，也可以为空。

农产品生产价格基层表

200　年第　季度　　　　表　　号：M 2 0 1 表

被调查单位名称或户主姓名：　　　　制表机关：国 家 统 计 局

农户代码:省码□□县码□□□□乡(镇)码□□□村码□□□户码□□　　文　　号：国统字(2003)33号

非农户代码:省码□□县码□□□□单位码□□□□　　有效期至：2 0 0 5 年 1 月

序号	农产品名称	产品代码	计量单位	报告期出售			基期单价
				数量	金额(元)	单价	
甲	乙	丙	丁	1	2	3	4
001							
002							
…							

单位负责人：　　　　填表人：　　　　报出日期:200　年　月　日

说明:1. 本表由县(市)农调队(统计局)报送。
2. 统计范围是抽中的农业生产经营单位。
3. 产品代码与计量单位按《农产品参考目录》规定的填报,数量与金额均保留两位小数。

农产品集贸市场价格调查方案

一、调查目的

农产品集贸市场价格是指全国农产品主产区集贸市场主要农产品的成交价格。开展农产品集贸市场价格调查旨在收集农产品集贸市场价格资料，准确把握全国大宗农产品在主产区的价格走势，为提高我国农产品主产区的区域优势和市场竞争力服务。

二、调查内容

农产品集贸市场价格调查内容包括农牧渔业36种主要产品的集贸市场价格（调查品种见《农产品集贸价格调查表》）。

三、调查对象

农产品集贸市场价格调查的统计范围为全国选中的农产品主产县。

四、调查周期与数据上报

（1）农产品集贸市场价格调查周期为月报。

（2）采价时间为每月20日左右，即每月19~21日内任一工作日。

（3）数据上报时间：价格资料由各省（区、市）农调队每月25日前上报总队。

五、采价办法

（1）各省（区、市）对调查品种要统一口径，不得随意变换。所有调查品种的采价范围都是指一般普通商品、中等规格。经过加工，带有品牌包装的商品不在调查之列；经过分拣后加入精美包装作为礼品出售的农产品也不在调查之内。

（2）对于固定采价集市上没有的品种（如稻谷、活猪和籽棉等），为了保证调查数据的完整性，可采取以下几种办法：①可到其他有出售的市场取得价格；②仅在调查日当天无出售的产品，可根据上一日的情况采价；③原粮和籽棉可用市场上的大米和皮棉按当地的折算比率取得或到大米和籽棉加工点取得；④活猪价格可到农户或屠宰场取得；⑤当地不生产、也不从外地调入的产品价格就空缺。

（3）对同一品种不同等级价格的采价不好把握时，可用交易量较大的三个以上摊位价格的简单平均价作为该产品的价格。对同一品种、同一摊位、同一等级成交价格不一致时，用交易量较大的成交价作为该摊位、该产品的价格。

（4）食用油：采普通散装油价格。

（5）猪、牛、羊肉如市场上出售的是带骨肉，采价时需按当地比率折成去骨价。

（6）水产品：淡水鱼要求是采活鱼价格；带鱼可采死鱼价（包括每条规格在0.5~1公斤重的冷冻带鱼段）。

（7）蔬菜：采新鲜蔬菜价格。

（8）水果：采新鲜水果价格。

六、填报说明

（1）农产品集贸市场价格调查表由省、自治区、直辖市农调队报送。

（2）产品代码与计量单位：产品代码按M405表规定填报；单价单位为元/公斤。

（3）价格数据保留两位小数。

（4）如部分产品缺项，单价项应空缺。

（5）各省（区、市）农调队对农产品集贸市场价格调查数据不作汇总处理，通过农调内网直接上报以调查县为单位的集贸市场价格原始数据。

（6）严格数据审核。当月单价与上月或上年同月相比增减幅度较大时应进行认真核实、确认。

（7）开展农产品市场价格专题分析，有关农副产品价格的重大信息与研究报告，及时报送文字材料。

（8）年度价格走势分析与调查数据质量评估报告随12月价格报表一同报送。

七、指标解释

（1）籼稻：水稻的一种，茎秆较高较软，叶子黄绿色，稻穗上的籽粒较稀，稻粒长而细。

（2）优质籼稻：经过杂交育种改良后的籼稻。

（3）粳稻：水稻的一种，茎秆较矮，叶子较窄，深绿色，稻粒短而粗。

（4）玉米：一年生草本植物，茎高二、三米，叶子长而大，子实比黄豆稍大。

（5）籼米：籼稻碾出的米，黏性小。

（6）优质籼米：优质籼稻碾出的米。

（7）粳米：粳稻碾出的米，黏性较大。

（8）面粉：小麦磨成的粉，调查规格品是普通标 准 粉。

（9）籽棉：是指棉农从棉枝上摘下的、未经轧花加工除籽的棉花。籽棉经过加工后去掉棉籽的棉花叫皮棉。籽棉加工成皮棉的比例一般是10:3，即10公斤籽棉可加工成3公斤皮棉。

（10）花生仁：去壳的生花生。

（11）活猪：待宰的肥猪（也称毛猪，一般在65公斤以上）。

（12）仔猪：待育肥的普通小猪（一般指10公斤以下刚断奶的猪）。

（13）草鱼：身体圆筒形，微绿色，生活在淡水中，吃水草。

（14）鲤鱼：身体侧扁，背部苍黑色，腹部黄白色，嘴边有须一对，淡水鱼。

（15）鲢鱼：身体侧扁，鳞细，背部青黑色，腹部白色，淡水鱼。

（16）菜椒：也称柿子椒。

（17）四季豆：部分地区也称扁豆。

（18）中等：产品规格栏的“中等”有两种含义。原粮的“中等”是指国家规定的中 准 级，其他品种的“中等”是指市场实际交易数量较多的质量等级。

农产品集贸市场价格

表　　号：M 4 0 5 表
制表机关：国 家 统 计 局
文　　号：国统字(2003)33号
有效期至：2 0 0 5 年 1 月

综合机关名称：　　　　　　　　200　年　月

指标名称	代码	产品规格	单价(元/公斤)
甲	乙	丙	1
一、粮　食			
籼　稻	01	中　等	
优质籼稻	02	中　等	
粳　稻	03	中　等	
小　麦	04	中　等	
玉　米	05	中　等	
大　豆	06	中　等	
籼　米	07	中　等	
优质籼米	08	中　等	
粳　米	09	中　等	
面　粉	10	标 准 粉	
二、经济作物类			
棉花(籽棉)	11	中 准 级	
花生仁	12	中　等	
油菜籽	13	普　通	
花生油	14	普　通	
菜籽油	15	普　通	
豆　油	16	普　通	
烤　烟	17	中　等	
三、畜产品			
活　猪	18	中　等	
仔　猪	19	普　通	
猪　肉	20	去骨统肉	
牛　肉	21	去骨统肉	
羊　肉	22	去骨统肉	
活　鸡	23	普通肉鸡	
鸡　蛋	24	普通鲜蛋	
四、水产品			
草	25	0.5~1公斤	
鱼鲤	26	0.5~1公斤	
鱼鲢	27	0.5~1公斤	
鱼带　鱼	28	0.5~1公斤	
五、蔬　菜			
大白菜	29	中　等	
黄　瓜	30	中　等	
西红柿	31	中　等	
菜　椒	32	中　等	
四季豆	33	中　等	
六、水　果			
红富士苹果	34	中　等	
香　蕉	35	中　等	
橙　子	36	中　等	

单位负责人：　　　　　　　　填表人：　　　　　　填报日期　　　年　月　日

说明：1. 本表由部分省、自治区、直辖市农调队报送。
2. 统计范围是选中的调查县。
3. 上报时间为本月25日前。

全国农产品批发价格试点调查方案

一、调查目的

农产品批发价格是指全国大中型农产品批发市场或从事农产品批发交易的经营单位进行农产品批发交易的成交价格。开展农产品批发价格调查旨在收集农产品批发价格资料，准确把握全国主要农产品价格走势与供求状况，满足各级政府和宏观决策部门研究制定农村经济政策的需要，为提高我国农产品市场竞争力服务。

二、调查内容

农产品批发价格调查内容为农林牧渔业主要农产品的批发交易价格，调查品种分为粮油、棉花、蔬菜、果品、花卉、肉禽蛋、水产品和木材共八个类别。

三、调查对象

农产品批发价格调查的对象为农产品批发市场或从事农产品批发交易的经营单位。调查网点根据交易品种和成交量综合确定，全国共调查100家农产品批发市场和经营单位。

四、调查周期与上报日期

农产品批发价格调查周期为月报，批发价格上报日期为每月25日。

粮油、蔬菜、果品、花卉、肉禽蛋和水产品价格的采价日期为上报日的前一个工作日。棉花和木材价格的报告期为上月25日至当月24日。遇法定节假日，采价和上报日期顺延，按实际采价日期填报。

五、调查方式

（一）粮油、蔬菜、果品、花卉、肉禽蛋和水产品的批发价格以市场内该种农产品最大批发商（摊位、商家或商号）单笔最大交易为准。最大交易量前三家为批发商调查样本，一般优先选择交易量最大的批发商作为采价对象，并在一年内保持相对稳定。

批发价格为采价日单笔最大交易量的成交价格。价格资料由调查员在采价日对批发商进行现场访问取得。

（二）棉花和木材批发价格按被抽中市场或经营单位在报告期内批发交易的全部成交情况填报。

批发价格为批发交易的加权平均价格。价格资料由被调查单位对报告期内相关产品的全部销售情况逐一分类登记，并定期整理、报送价格数据。

（三）实行全国统一的统计分类标准和编码。各地可根据需要适当增加调查指标，但不得改变指标排列顺序和编码。

六、数据报送与汇总

（一）各地通过国家统计系统内部信息传输系统（Openmail）直接报送批发市场和经营单位的价格资料。

（二）数据上报采用规定的EXCEL模板格式，价格保留两位小数。缺省指标可不予填报，但不得改变指标顺序和数据格式。

（三）批发价格数据汇总工作由国家统计局农调总队负责。

农产品批发价格调查表

（粮油批发市场）

表　　号：U704－1　表
制表机关：国　家　统　计　局
文　　号：国统字（2004）63号
有效期至：2　0　0　6　年　1　月
单位代码：□□□□□□□□□－□

调查单位名称：

农产品品种	产品代码	计量单位	国标等级	品牌	产地代码	批发价格（元）
甲	乙	丙	丁	戊	己	1
白色硬质小麦	0111001	公斤	三等			
白色软质小麦	0111002	公斤	三等			
红色硬质小麦	0111003	公斤	三等			
红色软质小麦	0111004	公斤	三等			
混合小麦	0111005	公斤	三等			
市场销量第一品牌面粉	0111006	公斤	一等			
市场销量第一品牌面粉	0111007	公斤	标准粉			
市场销量第一品牌早籼米	0114001	公斤	一等			
市场销量第一品牌晚籼米	0114002	公斤	一等			
市场销量第一品牌早粳米	0114003	公斤	一等			
市场销量第一品牌晚粳米	0114004	公斤	一等			
市场销量第一品牌籼糯米	0114005	公斤	一等			
市场销量第一品牌粳糯米	0114006	公斤	一等			
白玉米	0112001	公斤	三等			
黄玉米	0112002	公斤	三等			
混合玉米	0112003	公斤	三等			
大豆	0141001	公斤	合格			
小米	0119001	公斤	合格			
绿豆	0122001	公斤	合格			
红小豆	0122002	公斤	合格			
花生仁	0142001	公斤	合格			
油菜籽	0143001	公斤	合格			
芝麻	0143002	公斤	合格			
大豆色拉油	0143003	公斤	合格			
花生色拉油	0143004	公斤	合格			
菜籽色拉油	0143005	公斤	合格			

报送单位负责人：　填表人：　调查日期:200　年　月　日　报出日期：　月　日

农产品批发价格调查表

（棉花经营单位）

表　　号：U704－2　　表
制表机关：国　家　统　计　局
文　　号：国统字（2004）63号
有效期至：2　0　0　6　年　1　月
单位代码：□□□□□□□□□－□

调查单位名称：

农产品品种	产品代码	计量单位	国标等级	品牌	产地代码	批发价格（元）
甲	乙	丙	丁	戊	己	1
129 级皮棉	0192101	吨	合格			
229 级皮棉	0192102	吨	合格			
329 级皮棉	0192103	吨	合格			
328 级皮棉	0192104	吨	合格			
429 级皮棉	0192105	吨	合格			
527 级皮棉	0192106	吨	合格			

报送单位负责人：　填表人：　调查日期:200　年　月　日　报出日期：　月　日

农产品批发价格调查表

（蔬菜批发市场）

表　　号：U704－3表
制表机关：国家统计局
文　　号：国统字（2004）63号
有效期至：2006年1月
单位代码：□□□□□□□□□－□

调查单位名称：

农产品品种	产品代码	计量单位	国标等级	品牌	产地代码	批发价格（元）
甲	乙	丙	丁	戊	己	1
大白菜	0123901	公斤	中等			
小白菜	0123902	公斤	中等			
元白菜	0123903	公斤	中等			
菠菜	0123904	公斤	中等			
油菜	0123905	公斤	中等			
芹菜	0123906	公斤	中等			
油麦菜	0123907	公斤	中等			
空心菜	0123908	公斤	中等			
莴笋	0123909	公斤	中等			
黄瓜	0123910	公斤	中等			
冬瓜	0123911	公斤	中等			
南瓜	0123912	公斤	中等			
西葫芦	0123913	公斤	中等			
苦瓜	0123914	公斤	中等			
丝瓜	0123915	公斤	中等			
萝卜	0123916	公斤	中等			
胡萝卜	0123917	公斤	中等			
土豆	0123918	公斤	中等			
菜花	0123919	公斤	中等			
茄子	0123920	公斤	中等			
西红柿	0123921	公斤	中等			
辣椒	0123922	公斤	中等			
青椒	0123923	公斤	中等			
大葱	0123924	公斤	中等			
洋葱	0123925	公斤	中等			
韭菜	0123926	公斤	中等			
四季豆	0123927	公斤	中等			
豇豆	0123928	公斤	中等			

报送单位负责人：　填表人：　调查日期:200　年　月　日　报出日期：　月　日

农产品批发价格调查表

（果品批发市场）

表　　号：U704－4　　表
制表机关：国　家　统　计　局
文　　号：国统字（2004）63号
有效期至：2　0　0　6　年　1　月
单位代码：□□□□□□□□□－□

调查单位名称：

农产品品种	产品代码	计量单位	国标等级	品牌	产地代码	批发价格（元）
甲	乙	丙	丁	戊	己	1
香蕉	0131001	公斤	中等			
菠萝	0131002	公斤	中等			
柑	0132001	公斤	中等			
桔	0132002	公斤	中等			
橙	0132003	公斤	中等			
柚	0132004	公斤	中等			
红富士	苹果	0134901	公斤	中等		
国光苹果	0134902	公斤	中等			
雪花梨	0134903	公斤	中等			
鸭梨	0134904	公斤	中等			
荔枝	0134905	公斤	中等			
龙眼	0134906	公斤	中等			
芒果	0134907	公斤	中等			
西瓜	0134908	公斤	中等			
甜瓜	0134909	公斤	中等			
哈蜜瓜	0134910	公斤	中等			
草莓	0134911	公斤	中等			
桃	0134912	公斤	中等			
杏	0134913	公斤	中等			
猕猴桃	0134914	公斤	中等			
葡萄	0134915	公斤	中等			
大枣	0134916	公斤	中等			
柿子	0134917	公斤	中等			
山楂	0134918	公斤	中等			
樱桃	0134919	公斤	中等			
圣女果	0134920	公斤	中等			

报送单位负责人：　　填表人：　　调查日期：200　年　月　日　报出日期：　月　日

农产品批发价格调查表

（花卉批发市场）

表　　号：U704－5　表
制表机关：国　家　统　计　局
文　　号：国统字（2004）63号
有效期至：2　0　0　6　年　1　月
单位代码：□□□□□□□□□－□

调查单位名称：

农产品品种	产品代码	计量单位	国标等级	品牌	产地代码	批发价格（元）
甲	乙	丙	丁	戊	己	1
月季	0152001	枝	中等			
菊花	0152002	枝	中等			
马蹄莲	0152003	枝	中等			
百合花	0152004	枝	中等			
康乃馨	0152005	枝	中等			
满天星	0152006	公斤	中等			
勿忘我	0152007	枝	中等			
非洲菊	0152008	枝	中等			
玫瑰	0152009	枝	中等			
郁金香	0152010	枝	中等			
情人草	0152011	公斤	中等			

报送单位负责人：　填表人：　调查日期:200　年　月　日　报出日期：　月　日

农产品批发价格调查表

（肉禽蛋批发市场）

表　　号：U704－6　　表
制表机关：国　家　统　计　局
文　　号：国统字（2004）63号
有效期至：2　0　0　6　年　1　月
单位代码：□□□□□□□□□－□

调查单位名称：

农产品品种	产品代码	计量单位	国标等级	品牌	产地代码	批发价格（元）
甲	乙	丙	丁	戊	己	1
牛肉（胴体）	0211101	公斤	合格			
羊肉（胴体）	0211201	公斤	合格			
白条猪（胴体）	0212101	公斤	合格			
后臀尖	0212102	公斤	合格			
里脊肉	0212103	公斤	合格			
白条鸡（胴体）	0212201	公斤	合格			
活草鸡（土鸡）	0212202	公斤	合格			
活杂交鸡	0212203	公斤	合格			
活三黄鸡	0212204	公斤	合格			
活乌鸡	0212205	公斤	合格			
活鸭	0212206	公斤	合格			
鲜鸡蛋	0292001	公斤	合格			
鲜鸭蛋	0292002	公斤	合格			

报送单位负责人：　　填表人：　　调查日期:200　年　月　日　报出日期：　月　日

农产品批发价格调查表

（水产品种批发市场）

表　　号：U704－7　　表
制表机关：国　家　统　计　局
文　　号：国统字（2004）63号
有效期至：2　0　0　6　年　1　月
调查单位名称：　　　　单位代码：□□□□□□□□□－□

农产品品种	产品代码	计量单位	国标等级	品牌	产地代码	批发价格（元）
甲	乙	丙	丁	戊	己	1
青鱼	0411001	公斤	750 克以上			
草鱼	0411002	公斤	750 克以上			
鲢鱼	0411003	公斤	750 克以上			
鲤鱼	0411004	公斤	750 克以上			
鲫鱼	0411005	公斤	250 克以上			
武昌鱼	0411006	公斤	250 克以上			
罗非鱼	0411007	公斤	250 克以上			
鲶鱼	0411008	公斤	750 克以上			
大黄鱼	0411009	公斤	中等			
小黄鱼	0411010	公斤	中等			
带鱼	0411011	公斤	中等			
龙虾	0421001	公斤	中等			
基围虾	0421002	公斤	中等			
大闸蟹	0421003	公斤	中等			
对虾	0421004	公斤	中等			
扇贝	0421005	公斤	中等			
墨鱼	0421006	公斤	中等			
鱿鱼	0421007	公斤	中等			
海蜇	0421008	公斤	中等			
海参	0421009	公斤	中等			
甲鱼	0423001	公斤	中等			
乌龟	0423002	公斤	中等			
黄鳝	0423003	公斤	中等			
牛蛙	0423004	公斤	中等			
海带（干品）	0493001	公斤	中等			

报送单位负责人：　　填表人：　　调查日期：200　年　月　日　报出日期：　月　日

农产品批发价格调查表

（木材经营单位）

表　　号：U704－8　表
制表机关：国　家　统　计　局
文　　号：国统字（2004）63号
有效期至：2　0　0　6　年　1　月
单位代码：□□□□□□□□□－□

调查单位名称：

农产品品种	产品代码	计量单位	径级厘米	长度米	等级	批发价格（元）
甲	乙	丙	丁	戊	己	1
杨木	0311001	立方米	24－28cm	4－5.8m	一等	
杨木	0311002	立方米	30－38cm	4－5.8m	一等	
桦木	0311003	立方米	24－28cm	4－5.8m	一等	
桦木	0311004	立方米	30－38cm	4－5.8m	一等	
色木	0311005	立方米	24－28cm	4－5.8m	一等	
色木	0311006	立方米	30－38cm	4－5.8m	一等	
榆木	0311007	立方米	24－28cm	4－5.8m	一等	
榆木	0311008	立方米	30－38cm	4－5.8m	一等	
楸木	0311009	立方米	24－28cm	4－5.8m	一等	
楸木	0311010	立方米	30－38cm	4－5.8m	一等	
椴木	0311011	立方米	24－28cm	4－5.8m	一等	
椴木	0311012	立方米	30－38cm	4－5.8m	一等	
柞木	0311013	立方米	24－28cm	4－5.8m	一等	
柞木	0311014	立方米	30－38cm	4－5.8m	一等	
水曲柳	0311015	立方米	24－28cm	4－5.8m	一等	
水曲柳	0311016	立方米	30－38cm	4－5.8m	一等	
落叶松	0311017	立方米	24－28cm	4－5.8m	一等	
落叶松	0311018	立方米	30－38cm	4－5.8m	一等	
白松	0311019	立方米	24－28cm	4－5.8m	一等	
白松	0311020	立方米	30－38cm	4－5.8m	一等	
红松	0311021	立方米	24－28cm	4－5.8m	一等	
红松	0311022	立方米	30－38cm	4－5.8m	一等	

报送单位负责人：　填表人：　调查日期：200　年　月　日　报出日期：　月　日

农产品参考目录

农产品类别与品名	生产价格代表产品	产品代码	计量单位	农产品类别与品名	生产价格代表产品	产品代码	计量单位
一、农业产品	*	1		燕 麦		11148	公斤
1. 谷物及其他作物	*	11		其他杂粮		11149	公斤
1. 谷物及其他作物	*	11		1.1.5 谷物副产品		1118	公斤
1.1 谷物(原粮)	*	111	公斤	小麦秸		11181	公斤
1.1.1 小 麦	*	1111	公斤	稻 草		11182	公斤
硬粒小麦	*	11111	公斤	玉米秆		11183	公斤
软粒小麦	*	11112	公斤	大麦秸		11184	公斤
混合小麦	*	11113	公斤	谷子秆		11185	公斤
其他小麦		11119	公斤	高粱秆		11186	公斤
1.1.2 稻 谷	*	1112	公斤	1.2 薯 类	*	112	公斤
早籼稻	*	11121	公斤	红 薯	*	11201	公斤
晚籼稻	*	11122	公斤	马铃薯	*	11202	公斤
粳 稻	*	11123	公斤	其他薯类		11209	公斤
其他稻谷		11129	公斤	薯 藤		11211	公斤
1.1.3 玉 米	*	1113	公斤	1.3 油 料	*	113	公斤
黄玉米	*	11131	公斤	花 生	*	11301	公斤
白玉米	*	11132	公斤	油菜籽	*	11302	公斤
混合玉米	*	11133	公斤	芝 麻		11303	公斤
其他玉米		11139	公斤	向日葵		11304	公斤
1.1.4 杂 粮		1114	公斤	胡麻籽		11305	公斤
谷 子		11141	公斤	苏 籽		11306	公斤
高 粱		11142	公斤	其他油料作物		11309	公斤
大 麦		11143	公斤	花生蔓		11311	公斤
荞 麦		11144	公斤	油菜籽秆		11312	公斤
元 麦		11145	公斤	芝麻秆		11313	公斤
青 稞		11146	公斤	向日葵秆		11314	公斤
莜 麦		11147	公斤	胡麻籽秆		11315	公斤

续表 1

农产品类别与品名	生产价格代表产品	产品代码	计量单位	农产品类别与品名	生产价格代表产品	产品代码	计量单位
1.4 豆 类	*	114	公斤	晒烟叶	*	11802	公斤
大 豆	*	11401	公斤	白肋烟		11803	公斤
绿 豆	*	11402	公斤	香料烟		11804	公斤
红小豆	*	11404	公斤	其他烟叶		11809	公斤
蚕 豆		11405	公斤	烟 秆		11811	公斤
豌 豆		11406	公斤	1.9 其他农作物		119	公斤
芸 豆		11407	公斤	青饲料		11901	公斤
其他杂豆		11409	公斤	牧 草		11902	公斤
豆 秸		11411	公斤	绿 肥		11903	公斤
1.5 棉花(籽棉)	*	115	公斤	桑 叶		11904	公斤
细绒棉	*	11501	公斤	席 草		11905	公斤
长绒棉	*	11502	公斤	蓖麻籽		11906	公斤
棉 籽		11511	公斤	除虫菊		11907	公斤
棉花秆		11512	公斤	薄荷油		11908	公斤
1.6 麻 类	*	116	公斤	野生植物的采集		11909	公斤
黄红麻	*	11601	公斤	未列明的其他农作物		11919	公斤
亚 麻	*	11602	公斤	2. 蔬菜、园艺作物	*	12	
苎 麻	*	11603	公斤	2.1 蔬 菜	*	121	公斤
线 麻		11604	公斤	2.1.1 叶菜类	*	1211	公斤
苘 麻		11605	公斤	菠 菜	*	12111	公斤
剑 麻		11606	公斤	芹 菜	*	12112	公斤
其他麻类		11609	公斤	大白菜	*	12113	公斤
麻 秆		11611	公斤	元白菜	*	12114	公斤
1.7 糖 料	*	117	公斤	甘 蓝	*	12115	公斤
甘 蔗	*	11701	公斤	花椰菜	*	12116	公斤
甜 菜	*	11702	公斤	莴 笋	*	12117	公斤
其他糖料		11709	公斤	油 菜	*	12118	公斤
蔗 尾		11711	公斤	其他叶菜		12119	公斤
甜菜叶		11712	公斤	2.1.2 瓜菜类	*	1212	公斤
1.8 烟 草	*	118	公斤	黄 瓜	*	12121	公斤
烤烟叶	*	11801	公斤	冬 瓜	*	12122	公斤

续表 2

农产品类别与品名	生产价格代表产品	产品代码	计量单位	农产品类别与品名	生产价格代表产品	产品代码	计量单位
西葫芦	*	12123	公斤	其他葱蒜类		12159	公斤
苦 瓜	*	12124	公斤	2.1.6 菜用豆类	*	1216	公斤
丝 瓜	*	12125	公斤	四季豆	*	12161	公斤
南 瓜		12126	公斤	豇 豆	*	12162	公斤
打 瓜		12127	公斤	其他菜用豆		12169	公斤
瓠 子		12128	公斤	2.1.7 水生菜类	*	1217	公斤
其他瓜菜		12129	公斤	莲 藕	*	12171	公斤
2.1.3 块根、块茎菜类	*	1213	公斤	茭 白	*	12172	公斤
萝 卜	*	12131	公斤	荸 荠		12173	公斤
胡萝卜	*	12132	公斤	其他水生菜		12179	公斤
生 姜	*	12133	公斤	2.1.8 食用菌（干鲜混合）	*	1218	公斤
芋 头		12134	公斤	香菇（干品）	*	12181	公斤
苔 干		12135	公斤	蘑菇（鲜品）	*	12182	公斤
百合（根）		12136	公斤	黑木耳（干品）	*	12183	公斤
芋 艿		12137	公斤	白木耳（干品）	*	12184	公斤
山 药		12138	公斤	金针菇（鲜品）		12185	公斤
其他块根、块茎菜		12139	公斤	猴头菌（干品）		12186	公斤
2.1.4 茄果菜类	*	1214	公斤	平菇（鲜品）		12187	公斤
茄 子	*	12141	公斤	花菇（干品）		12188	公斤
西红柿	*	12142	公斤	其他食用菌		12189	公斤
辣 椒	*	12143	公斤	2.1.9 其他蔬菜		1219	公斤
青 椒	*	12144	公斤	椿 芽		12191	公斤
其他茄果菜类		12149	公斤	未列明的其他蔬菜		12199	公斤
2.1.5 葱蒜类	*	1215	公斤	2.2 花 卉	*	122	
大 葱	*	12151	公斤	2.2.1 鲜切花	*	1221	枝
蒜 苔	*	12152	公斤	百合花	*	12211	枝
蒜 头	*	12153	公斤	康乃馨	*	12212	枝
洋 葱		12154	公斤	满天星	*	12213	枝
蒜 苗		12155	公斤	勿忘我		12214	枝
小 葱		12156	公斤	非洲菊	*	12215	枝
韭 菜		12157	公斤	玫 瑰	*	12216	枝

续表 3

农产品类别与品名	生产价格代表产品	产品代码	计量单位	农产品类别与品名	生产价格代表产品	产品代码	计量单位
郁金香		12217	枝	橙	*	13133	公斤
情人草		12218	枝	柚		13134	公斤
其他鲜切花		12219	枝	其他柑桔		13139	公斤
2.3 其他园艺作物		123		其他水果	*	13140	公斤
2.3.1 盆栽植物	*	12301	盆	香 蕉	*	13141	公斤
2.3.2 观赏苗木	*	12302	株	菠 萝	*	13142	公斤
2.3.3 草坪草皮	*	12303	平方米	荔 枝	*	13143	公斤
2.3.9 其他园艺作物		12390	平方米	龙 眼	*	13144	公斤
3. 水果、坚果、饮料和香料	*	13		芒 果		13145	公斤
3.1 水果、坚果	*	131	公斤	木 瓜		13146	公斤
3.1.1 园林水果		13101	公斤	橄 榄		13147	公斤
苹 果	*	13110	公斤	桃	*	13148	公斤
红富士苹果	*	13111	公斤	杏		13149	公斤
国光苹果	*	13112	公斤	杨 梅		13151	公斤
秦冠苹果	*	13113	公斤	猕猴桃		13152	公斤
香蕉苹果		13114	公斤	葡 萄	*	13153	公斤
金冠苹果		13115	公斤	红 枣	*	13154	公斤
元帅苹果		13116	公斤	柿 子		13155	公斤
新红星苹果		13117	公斤	其他园林水果		13159	公斤
其他苹果		13119	公斤	3.1.2 瓜果类	*	13102	公斤
梨	*	13120	公斤	西 瓜	*	13161	公斤
雪花梨	*	13121	公斤	甜 瓜	*	13162	公斤
鸭 梨	*	13122	公斤	哈蜜瓜	*	13163	公斤
酥 梨	*	13123	公斤	香 瓜		13164	公斤
香 梨		13124	公斤	伊利沙白瓜		13165	公斤
苹果梨		13125	公斤	华莱士		13166	公斤
冬果梨		13126	公斤	草 莓		13167	公斤
其他梨		13129	公斤	其他瓜果		13169	公斤
柑 桔	*	13130	公斤	3.1.3 坚果类	*	13103	公斤
柑	*	13131	公斤	椰 子		13171	公斤
桔	*	13132	公斤	腰 果		23272	公斤

续表 4

农产品类别与品名	生产价格代表产品	产品代码	计量单位	农产品类别与品名	生产价格代表产品	产品代码	计量单位
杏 仁		23273	公斤	黄 连	*	14007	公斤
槟 榔		23274	公斤	甘 草	*	14008	公斤
沙棘果		23275	公斤	贝 母	*	14009	公斤
其他坚果		23279	公斤	红 花	*	14010	公斤
3.2 茶及其他饮料（干品）	*	132	公斤	元 胡	*	14011	公斤
3.2.1 茶	*	1321		枸 杞	*	14012	公斤
红毛茶	*	13211	公斤	砂 仁	*	14013	公斤
绿毛茶	*	13212	公斤	菊 花	*	4014	公斤
乌龙茶	*	13213	公斤	白 术	*	14015	公斤
紧压茶原料		13214	公斤	半 夏	*	14016	公斤
其他茶		13219	公斤	麦 冬		14017	公斤
3.2.2 可可和咖啡		1322	公斤	三 七		14018	公斤
咖啡豆		13221	公斤	西洋参		14019	公斤
可可豆		13222	公斤	麻黄草		14020	公斤
3.2.3 其他饮料(干品)		1329	公斤	玄 参		14021	公斤
3.3 香料作物		133	公斤	肉 桂		14022	公斤
月 桂		13301	公斤	生 地		14023	公斤
丁 香		13302	公斤	厚 朴		14024	公斤
茴 香		13303	公斤	杜 仲		14025	公斤
香茅草		13304	公斤	薄 荷		14026	公斤
留兰香		13305	公斤	枳 壳		14027	公斤
熏衣草		13306	公斤	田 七		14028	公斤
百里香		13307	公斤	两面针		14029	公斤
其 他		13309	公斤	板蓝根		14031	公斤
4. 中药材	*	14	公斤	苦丁茶		14032	公斤
茯 苓	*	14001	公斤	罗汉果		14033	公斤
党 参	*	14002	公斤	霍 香		14034	公斤
当 归	*	14003	公斤	天 麻		14035	公斤
黄 芪	*	14004	公斤	灵 芝		14036	公斤
金银花	*	14005	公斤	穿心莲		14037	公斤
人 参	*	14006	公斤	桔 梗		14038	公斤

续表 5

农产品类别与品名	生产价格代表产品	产品代码	计量单位	农产品类别与品名	生产价格代表产品	产品代码	计量单位
白 芍		14039	公斤	红 松	*	22111	立方米
地 黄		14040	公斤	落叶松	*	22112	立方米
干 姜		14041	公斤	马尾松	*	22113	立方米
桂 枝		14042	公斤	杉 木	*	22114	立方米
丹 参		14043	公斤	云南松	*	22115	立方米
大青叶		14044	公斤	2.2.1.2 薪 材		2212	立方米
白 芷		14045	公斤	2.2.2 竹材采运	*	222	根
川 芎		14046	公斤	水 竹		22201	根
泽 泻		14047	公斤	斑 竹		22202	根
附 子		14048	公斤	毛竹(楠竹)	*	22203	根
云木香		14049	公斤	蒿 竹	*	22204	根
牛 夕		14050	公斤	淡 竹		22205	根
凡 皮		14051	公斤	其他竹材		22206	根
玉 金		14052	公斤	2.3 林产品的采集	*	23	
牛 膝		14053	公斤	2.3.1 天然和人工林的果实	*	231	公斤
虫 草		14054	公斤	橡 胶	*	23101	公斤
其他药材		14090	公斤	生 漆	*	23102	公斤
二、林业产品	*	2		紫 胶	*	23103	公斤
2.1 林木的培育和种植		21		白 蜡		23104	公斤
2.1.1 育种育苗		211	亩	油桐籽	*	23105	公斤
2.1.2 造 林		212	亩	油棕果		23106	公斤
人工造林		21201	亩	乌桕籽	*	23107	公斤
飞机播种造林		21202	亩	山苍籽		23108	公斤
2.1.3 抚育和管理		213		五倍籽	*	23109	公斤
零星植树		21301	株	油茶籽	*	23110	公斤
迹地更新		21302	亩	棕 片	*	23111	公斤
幼林抚育		21303	亩	松 脂		23112	公斤
成林抚育		21304	亩	栲 胶	*	23113	公斤
2.2 竹木采运	*	22		核 桃	*	23114	公斤
2.2.1 木材采运	*	221	立方米	板 栗	*	23115	公斤
2.2.1.1 原 木	*	2211	立方米	白 果	*	23116	公斤

续表 6

农产品类别与品名	生产价格代表产品	产品代码	计量单位	农产品类别与品名	生产价格代表产品	产品代码	计量单位
松 子	*	23117	公斤	牛 奶	*	31401	公斤
花 椒	*	23118	公斤	羊 奶	*	31402	公斤
八 角	*	23119	公斤	其他奶类		31490	公斤
桂 皮	*	23120	公斤	3.1.5 毛绒产品		315	公斤
胡 椒		23121	公斤	山羊毛	*	31501	公斤
茴 油		23122	公斤	绵羊毛	*	31502	公斤
桂 油		23123	公斤	山羊绒	*	31503	公斤
其他果实		23190	公斤	绵羊绒		31504	公斤
2.3.2 其他野生植物采集		232	公斤	牦牛毛		31505	公斤
柳 条		23201	公斤	牦牛绒		31506	公斤
藤 条		23202	公斤	骆驼绒		31507	公斤
竹笋干		23203	公斤	马 鬃		31508	公斤
桉树叶		23204	公斤	马 尾		31509	公斤
葵 叶		23205	公斤	其他毛绒产品		31590	公斤
黄 柏		23206	公斤	3.1.6 其他牲畜产品		316	公斤
未列明的其他野生植物采集		23290	公斤	3.2 猪的饲养	*	32	公斤
三、牧业产品	*	3		活猪(毛重)	*	32001	公斤
3.1 牲畜的饲养	*	31		猪 肉	*	32002	公斤
3.1.1 牛的饲养	*	311	公斤	猪 鬃		32003	公斤
活牛(毛重)	*	31101	公斤	3.3 家禽	*	33	公斤
牛 肉	*	31102	公斤	3.3.1 肉禽(毛重)		331	公斤
3.1.2 羊的饲养	*	312	公斤	鸡	*	33101	公斤
活羊(毛重)	*	31201	公斤	鸭	*	33102	公斤
羊 肉	*	31202	公斤	鹅	*	33103	公斤
3.1.3 其他牲畜饲养		313	公斤	鹌 鹑		33104	公斤
马		31301	公斤	其他家禽		33190	公斤
驴		31302	公斤	3.3.2 禽 蛋		332	公斤
骡		31303	公斤	鸡 蛋	*	33201	公斤
骆 驼		31304	公斤	鸭 蛋	*	33202	公斤
其他未列牲畜的饲养		31390	公斤	鹅 蛋	*	33203	公斤
3.1.4 奶产品		314	公斤	鹌鹑蛋		33204	公斤

续表 7

农产品类别与品名	生产价格代表产品	产品代码	计量单位	农产品类别与品名	生产价格代表产品	产品代码	计量单位
其他蛋		33290	公斤	其他虫类		39490	公斤
3.3.3 羽 绒		333	公斤	3.9.5 活的家畜产品		395	
鸭 绒		33301	公斤	蚕 茧		39501	公斤
其他羽绒		33390	公斤	蜂 蜜		39502	公斤
3.4 狩猎和捕捉动物		34	张	蜂 蜡		39503	公斤
兽 皮		34001	张	麝 香		39504	公斤
未列明的动物皮张		34009	张	鹿 茸		39505	公斤
3.9 其他畜牧业		39		其他活的家畜产品		39590	公斤
3.9.1 各种鸟类		391	公斤	3.9.6 毛皮的生产		396	
鸽 子		39101	公斤	动物皮张		39603	张
火 鸡		39102	公斤	其他毛皮的生产		39690	公斤
山 鸡		39103	公斤	**四、渔 业产品**	*	4	
鸵 鸟		39104	公斤	4.1 海水水产品	*	41	公斤
其他鸟类		39190	公斤	4.1.1 鱼类	*	411	公斤
3.9.2 家养动物		392	公斤	大黄鱼	*	41101	公斤
兔		39201	公斤	小黄鱼	*	41102	公斤
兔 毛	*	39602	公斤	带 鱼	*	41103	公斤
狗		39202	公斤	鲈 鱼	*	41104	公斤
猫		39203	只	沙丁鱼	*	41105	公斤
其他家养动物		39290	头	鳕 鱼	*	41106	公斤
3.9.3 珍贵动物		393	头	石斑鱼	*	41107	公斤
鹿		39301	头	醍 鱼		41108	公斤
熊		39302	头	梭 鱼		41109	公斤
獐		39303	头	金枪鱼		41110	公斤
狐 狸		39304	公斤	鲳 鱼	*	41111	公斤
水 貂		39305	头	海 鳗		41112	公斤
蛇		39306	公斤	鲅 鱼	*	41113	公斤
其他珍贵动物		39390	公斤	鲐 鱼		41114	公斤
3.9.4 虫 类		394	公斤	马面鱼		41115	公斤
蚯 蚓		39401	公斤	黄姑鱼		41116	公斤
蝎 子		39402	公斤	鳓 鱼		41117	公斤

续表 8

农产品类别与品名	生产价格代表产品	产品代码	计量单位	农产品类别与品名	生产价格代表产品	产品代码	计量单位
马 鲛		41118	公斤	其他海水贝类		41390	公斤
鲱 鱼		41119	公斤	4.1.4 藻类	*	414	公斤
梅童鱼		41120	公斤	海 带	*	41401	公斤
鳐 面		41121	公斤	紫 菜	*	41402	公斤
梭 参		41122	公斤	其他藻类		41490	公斤
鲷 鱼		41123	公斤	4.1.5 其他海水产品		415	公斤
蓝 圆		41124	公斤	墨 鱼		41501	公斤
远东拟沙丁鱼		41125	公斤	鱿 鱼		41502	公斤
太平洋鲱		41126	公斤	章 鱼		41503	公斤
鲆 鲽		41127	公斤	海 蜇		41504	公斤
舌 鳎		41128	公斤	海 参		41505	公斤
其他海水鱼类		41190	公斤	未列明的其他海水产品		41590	公斤
4.1.2 海水虾蟹类	*	412	公斤	4.2 内陆水域水产品	*	42	公斤
对 虾	*	41201	公斤	4.2.1 淡水鱼类	*	421	公斤
毛 虾	*	41202	公斤	青 鱼	*	42101	公斤
爬 虾		41203	公斤	草 鱼	*	42102	公斤
脊尾白虾		41204	公斤	鲤 鱼	*	42103	公斤
鹰爪虾		41205	公斤	鲢 鱼	*	42104	公斤
梭子蟹	*	41206	公斤	鲫 鱼	*	42105	公斤
锯缘青蟹		41207	公斤	罗非鱼	*	42106	公斤
其他海水虾蟹类		41290	公斤	虹鳟鱼	*	42107	公斤
4.1.3 海水贝类	*	413	公斤	白 鱼		42108	公斤
贻 贝	*	41301	公斤	鳜 鱼		42109	公斤
扇 贝	*	41302	公斤	白昌鱼		42110	公斤
牡 蛎	*	41303	公斤	黑 鱼		42111	公斤
鲍 鱼		41304	公斤	鲶 鱼	*	42112	公斤
海水珍珠		41305	公斤	武昌鱼	*	42113	公斤
蛤	*	41306	公斤	鳙 鱼		42114	公斤
蚶		41307	公斤	鲮 鱼		42115	公斤
海 螺		41308	公斤	鳊		42116	公斤
蛏	*	41309	公斤	鲂		42117	公斤

续表 9

农产品类别与品名	生产价格代表产品	产品代码	计量单位	农产品类别与品名	生产价格代表产品	产品代码	计量单位
黄颡鱼		42118	公斤	4.2.3 淡水贝类	*	423	公斤
银 鱼		42119	公斤	淡水珍珠		42301	公斤
淡水鲈		42120	公斤	螺 丝		42302	公斤
大马哈鱼		42121	公斤	河 蚌		42303	公斤
其他淡水鱼类		42190	公斤	其他淡水贝类		42390	公斤
4.2.2 淡水虾蟹类	*	422	公斤	4.2.4 其他淡水养殖产品		424	公斤
龙 虾	*	42201	公斤	河 鳗		42401	公斤
罗氏沼虾		42202	公斤	牛 蛙		42402	公斤
青 虾		42203	公斤	甲 鱼		42403	公斤
克氏螯虾		42204	公斤	黄 鳝		42404	公斤
基围虾	*	42205	公斤	泥 鳅		42405	公斤
红螯螯虾		42206	公斤	龟		42406	公斤
大闸蟹	*	42207	公斤	蛙		42407	公斤
其他淡水虾蟹类		42290	公斤	未列明的其他淡水养殖产品		42490	公斤

注： 猪肉、牛肉、羊肉产品为价格调查用；牲畜、生猪产值按当年出栏量以毛重计算。